中华精神家园

民风根源

万姓之根

姓氏与名字号及称谓

肖东发 主编 石 静 编著

姚姓 顾姓 侯姓 邵姓 孟姓 梁姓 宋姓

熊姓 龙姓 万姓 段姓 雷姓 韩姓 唐姓

孔姓 钱姓 汤姓 尹姓 易姓 董姓 萧姓

毛姓 黎姓 常姓 武姓 乔姓 袁姓 邓姓

史姓 贺姓 赖姓 龚姓 文姓 沈姓 曾姓

中華姓氏圖騰

中国出版集团

现代出版社

图书在版编目（CIP）数据

万姓之根 / 石静编著. — 北京：现代出版社，
2014.9（2019.1重印）
ISBN 978-7-5143-2516-4

Ⅰ．①万… Ⅱ．①石… Ⅲ．①姓氏－文化研究－中国
Ⅳ．①K810.2

中国版本图书馆CIP数据核字(2014)第217598号

万姓之根：姓氏与名字号及称谓

主　　编：肖东发
作　　者：石　静
责任编辑：王敬一
出版发行：现代出版社
通信地址：北京市定安门外安华里504号
邮政编码：100011
电　　话：010-64267325 64245264（传真）
网　　址：www.1980xd.com
电子邮箱：xiandai@cnpitc.com.cn
印　　刷：三河市华晨印务有限公司
开　　本：710mm×1000mm　1/16
印　　张：10
版　　次：2015年4月第1版　2021年3月第4次印刷
书　　号：ISBN 978-7-5143-2516-4
定　　价：29.80元

党的十八大报告指出："文化是民族的血脉，是人民的精神家园。全面建成小康社会，实现中华民族伟大复兴，必须推动社会主义文化大发展大繁荣，兴起社会主义文化建设新高潮，提高国家文化软实力，发挥文化引领风尚、教育人民、服务社会、推动发展的作用。"

我国经过改革开放的历程，推进了民族振兴、国家富强、人民幸福的中国梦，推进了伟大复兴的历史进程。文化是立国之根，实现中国梦也是我国文化实现伟大复兴的过程，并最终体现为文化的发展繁荣。习近平指出，博大精深的中国优秀传统文化是我们在世界文化激荡中站稳脚跟的根基。中华文化源远流长，积淀着中华民族最深层的精神追求，代表着中华民族独特的精神标识，为中华民族生生不息、发展壮大提供了丰厚滋养。我们要认识中华文化的独特创造、价值理念、鲜明特色，增强文化自信和价值自信。

如今，我们正处在改革开放攻坚和经济发展的转型时期，面对世界各国形形色色的文化现象，面对各种眼花缭乱的现代传媒，我们要坚持文化自信，古为今用、洋为中用、推陈出新，有鉴别地加以对待，有扬弃地予以继承，传承和升华中华优秀传统文化，发展中国特色社会主义文化，增强国家文化软实力。

浩浩历史长河，熊熊文明薪火，中华文化源远流长，滚滚黄河、滔滔长江，是最直接的源头，这两大文化浪涛经过千百年冲刷洗礼和不断交流、融合以及沉淀，最终形成了求同存异、兼收并蓄的辉煌灿烂的中华文明，也是世界上唯一绵延不绝而从没中断的古老文化，并始终充满了生机与活力。

中华文化曾是东方文化摇篮，也是推动世界文明不断前行的动力之一。早在500年前，中华文化的四大发明催生了欧洲文艺复兴运动和地理大发现。中国四大发明先后传到西方，对于促进西方工业社会的形成和发展，曾起到了重要作用。

中华文化的力量，已经深深熔铸到我们的生命力、创造力和凝聚力中，是我们民族的基因。中华民族的精神，也已深深植根于绵延数千年的优秀文化传统之中，是我们的精神家园。

总之，中华文化博大精深，是中国各族人民五千年来创造、传承下来的物质文明和精神文明的总和，其内容包罗万象，浩若星汉，具有很强的文化纵深，蕴含丰富宝藏。我们要实现中华文化伟大复兴，首先要站在传统文化前沿，薪火相传，一脉相承，弘扬和发展五千年来优秀的、光明的、先进的、科学的、文明的和自豪的文化现象，融合古今中外一切文化精华，构建具有中国特色的现代民族文化，向世界和未来展示中华民族的文化力量、文化价值、文化形态与文化风采。

为此，在有关专家指导下，我们收集整理了大量古今资料和最新研究成果，特别编撰了本套大型书系。主要包括独具特色的语言文字、浩如烟海的文化典籍、名扬世界的科技工艺、异彩纷呈的文学艺术、充满智慧的中国哲学、完备而深刻的伦理道德、古风古韵的建筑遗存、深具内涵的自然名胜、悠久传承的历史文明，还有各具特色又相互交融的地域文化和民族文化等，充分显示了中华民族的厚重文化底蕴和强大民族凝聚力，具有极强的系统性、广博性和规模性。

本套书系的特点是全景展现，纵横捭阖，内容采取讲故事的方式进行叙述，语言通俗，明白晓畅，图文并茂，形象直观，古风古韵，格调高雅，具有很强的可读性、欣赏性、知识性和延伸性，能够让广大读者全面接触和感受中国文化的丰富内涵，增强中华儿女民族自尊心和文化自豪感，并能很好继承和弘扬中国文化，创造未来中国特色的先进民族文化。

2014年4月18日

立信有名——取名历史

尊敬所称——表字内涵

雅趣称号——自号尊号

命脉之根 姓氏渊源

　　我国姓氏的起源可以追溯到人类原始社会的母系氏族制度时期，所以我国的许多古姓都是女字旁或底。姓者，统其祖考之所自出；氏者，别其子孙之所自分。

　　姓是作为区分氏族的特定标志符号，如部落的名称或部落首领的名字。后来，氏的出现，记录着人类历史脚步迈进阶级社会。姓和氏，是人类进步的两个阶段、是文明的产物。

　　我国姓氏文化历经了5000年的延续和发展，姓氏一直是代表我国传统宗族观念主要的外在表现形式，并以一种血缘文化的特殊形式记录了中华民族的形成，在中华民族文化的同化和国家统一上，曾经起到过独特的民族凝聚的作用。

中 华 姓 氏 图 腾

王姓　张姓　刘姓　梁姓　宋姓　郑姓　谢姓　苏姓　卢姓　蒋姓　蔡姓　范姓　方姓　石姓　姚姓　顾姓　侯姓　邵姓　孟姓

杨姓　赵姓　黄姓　韩姓　唐姓　冯姓　于姓　贾姓　丁姓　魏姓　薛姓　谭姓　廖姓　邹姓　熊姓　龙姓　万姓　段姓　雷姓

吴姓　徐姓　孙姓　董姓　黄姓　程姓　曹姓　叶姓　阎姓　余姓　潘姓　金姓　陆姓　郝姓　孔姓　钱姓　汤姓　尹姓　易姓

朱姓　高姓　林姓　袁姓　邓姓　许姓　傅姓　杜姓　戴姓　夏姓　钟姓　白姓　崔姓　康姓　毛姓　黎姓　常姓　武姓　乔姓

马姓　罗姓　沈姓　曾姓　彭姓　吕姓　江姓　田姓　任姓　姜姓　邱姓　秦姓　汪姓　史姓　贺姓　赖姓　龚姓　文姓

起源于古老自然崇拜的姓

■雷神壁画

传说遥远的远古，有个大湖泊叫"雷泽"，就是后来的山东菏泽一带，传说是雷神居住的地方。在雷泽这里有雷河，岸边生活着一个风兖部落。

风兖部落的女首领叫华胥氏。她年轻有为，与族叔风偌率族人逐水草而居，过着游牧的生活。

风兖部落的名称源于对自然的崇拜，因为当时的人们对自然的强大力量感到非常神奇，于是对风、雨、雷、云等自然现象充满了崇拜，并赋予了神话般的说法。他们崇拜风，就把自己的部落取名叫"风兖"。

那时的雷神，当他不顺心时，雷泽上就浊浪滚滚，汹涌起伏。要是雷神震怒时，雷泽就更是泛滥了。华胥部落首领有个华胥姑娘，她就去找雷神评理，她的胆大和直率感动了雷神，但雷神让华胥姑娘嫁给他。为了华胥人们的安危，华胥姑娘便嫁给了雷神。

命脉之根

姓氏渊源

一年后，华胥姑娘生了一个儿子，雷神非常高兴，脾气也越来越好了，从此雷神只在农时节气打雷闪电和行云布雨，于是雷河两岸便风调雨顺和五谷丰登了。

■ 雷神塑像

雷神便把儿子放在葫芦上顺水而下，让他儿子乘着葫芦到华胥部落看他姥姥。雷神儿子的姥姥看见外孙乘着葫芦而来，因此就给外孙取名"葫芦"。

按华胥部落的方言，葫芦与"伏羲"谐音，又因这个部落叫风兖部落，所以，人们就叫这个孩子为"风伏羲"。

伏羲在姥姥身边长大，后来他想念母亲了，就搭天梯到天庭去看望母亲华胥。雷神禀告了玉帝，玉帝为伏羲的孝心所感动，就封伏羲为华胥部落的帝，也就是人间之王。

华胥氏 处于原始社会中母系社会的末期。华夏族的得名乃由华胥及其嫡裔夏人所构成。文献记载，伏羲、女娲均由华胥所生。华胥氏是华夏族的祖先，为伏羲、女娲的母族，其活动地域在今陕西蓝田境内。

万姓之根

姓氏与名字号及称谓

■ 伏羲 又称"宓羲""庖牺""包牺""牺皇""皇羲""太昊""苍牙"等，是中华民族的人文始祖，受到中华儿女的称赞和共同敬仰。传说他发明创造了八卦，创造了历法、教民渔猎、驯养家畜、婚嫁仪式、始造书契、发明陶埙、琴瑟乐器、任命官员等。

可以说中华万姓同根，根在伏羲氏，而羲皇故地在淮阳，这里正是中华姓氏最初的发源之地。

伏羲因为是风兖部落的王，他的子子孙孙很多，因为他姓"风"，他的后人也跟着姓"风"，所以后来"风"便成为了中华第一姓。

在原始社会，人们对自身及自然界的认识十分有限，他们不了解人类与自然界的关系，认为每个氏族与某种动物、植物、非生物或自然现象，有着神秘的亲缘和其他特殊关系，并相信这些"神物"就是他们的祖先、保护神，他们这个氏族就是由这种神物滋生出来的。

因此，每个氏族都以某一种崇拜物，作为本氏族供奉的神物与标志，这就是"图腾"。据史料记载，在我国氏族社会末期，各部落都有自己的图腾，继而表现为对图腾的崇拜。

如黄帝部落崇拜云，所以姓"云"。据史载炎帝"宏身而牛面"，表明炎帝部落是以牛为图腾的。这便是由这种崇拜神物或图腾的形式所滋生。

黄帝与炎帝进行阪泉之战，黄帝率熊、罴、貔、貅、虎等为前驱，其实熊、罴、貔、虎等，均为黄帝部落以动物为姓氏图腾的历史人文痕迹。

据传说，氏族部落不但对图腾奉若神明，禁止食、杀、冒犯，而且把它作为本氏族统一的族号。在原始部落中，图腾、族名和祖先名常常是一致的，久而久之，图腾的名称就演变成同一氏族全体成员共有的标记，那就是姓。

在当时，由于生产力水平和文明程度十分低下，人类既不了解人类与大自然的关系，也不了解自身和氏族组织的起源。

认为人类每个氏族、部落都与某种自然现象、动植物、非生物有着某种神秘的亲缘关系，如日月星辰、风云雷电、山川岩石、花草树木、熊罴虎豹、牛羊犬马、禽鸟龙蛇等，只需该氏族的始祖母与之接触感应，即会衍生后代。

所以图腾物象就成为本氏族的祖先，成为本祖先崇拜的原始宗教信仰形式和偶像，即图腾名称，便成为最早的社会组织，也就是氏族的名称，进而演化为该氏族共有的姓源。我国最早的一批古姓，即由氏族

黄帝 我国上古传说时代一位著名的部落联盟首领，黄帝是我国远古时代华夏民族的共主，五帝之首，被尊为中华"人文初祖"。黄帝在位期间，播百谷草木，大力发展生产，始制衣冠、建舟车、制音律、创医学等。

炎帝 烈山氏，号神农氏，又称"赤帝"，华夏始祖之一，与黄帝并称为中华始祖，是我国远古时期部落首领。炎帝制耒耜，种五谷。立市廛，首辟市场。治麻为布，民着衣裳。作五弦琴，以乐百姓。削木为弓，以威天下。制作陶器，改善生活。

■ 姓氏图腾

图腾演化而来。

在我国，由图腾演变为姓的传说很多。据考证，夜郎国的国君是竹王，他的臣民以竹为图腾，姓竹。又据史书记载，晋国有狐毛、蛇平，汉代有狗未央、狼莫、鹿旗，三国有豹皮公等人。

透过这些古怪的姓和骆、虎、蚁、牛、羊、鸟、龙、竹、梧、茶、菊等与动物、植物名称相同的姓氏，隐约可见图腾崇拜对姓氏起源的不可磨灭的历史印迹。

人类出现的标志之一是使用语言，其目的是为了交际，首先遇到的问题是区别一群人中的每个个体。大家围攻一只鹿，有人看到鹿向甲某的位置跑去，就高喊让甲某注意，如果甲没有名，他就不可能知道在喊谁，整个围猎就可能失败。

大家一起抬一根木头，因人手不够，需要来人帮助，只要喊某人的名，他就可以过来帮忙，如果谁也没有名，听到喊声大家都得过来，那可不方便了。

因此，具有人名是人类生存的重要条件，为了区别个体，以利共同劳动，共同生存，几乎是在人类社会出现的同时就产生了人名。

阅读链接

相传风兖部落的女首领华胥生了一个女孩，并取名女娲。后来，在渭河支流的葫芦河，有个古老的女娲祠。在秦安陇城镇，还有个女娲洞，又有女娲庙。

女娲以风为姓，这里有风台、风莹、凤尾村等地名，均与女娲氏有关。在我国传说中，一说女娲是一个真实存在过的历史人物，主要活动于黄土高原，她的陵寝位于山西洪洞赵城东的侯村。

女娲陵同黄帝陵一样，是我国古代皇帝祭奠的庙宇。当地在每年农历三月初十前后，均要举行长达7天的大型庙会和祭祀活动。

有感而孕和图腾感生说

相传那是在我国上古时代的时候，在华胥国有个叫"华胥氏"的姑娘，到一个叫雷泽的地方去游玩，偶尔看到了一个巨大的脚印，便好奇地踩了一下，于是就有了身孕，怀孕12年后生下一个儿子。

这个儿子有蛇的身体人的脑袋，取名为伏羲。伏羲有一个也是蛇身人首的妹妹，叫做女娲，号为女希氏。

这就是"履迹"感生。"履迹"感生就是说，女子与图腾身体或其附属品、派生物发生直接、间接，或幻想，或模拟的神秘接触而

■伏羲塑像

太昊伏羲氏

■帝喾 华夏上古时期,一位著名的部落联盟首领。春秋战国后,被列为"三皇五帝"中的第三位帝王,即黄帝的曾孙,前承炎黄,后启尧舜,奠定华夏根基,是华夏民族的共同人文始祖。帝喾继为天下共主后,以亳为都城,以木德为帝,深受百姓爱戴,死后葬于故地辛,建有帝喾陵。

导致受孕,这类图腾一般都是动物。

传说姜女原是著名部落联盟首领帝喾高辛王的妻子,自从两人成亲后,就一直没有儿子,为此,姜女原感到特别遗憾。

有一天,姜女原到郊外游玩,看着秀美的山峰、清澈的泉水、美丽的花草,流连忘返。忽然,她发现路边草地上有一个巨大的脚印。她围着脚印仔细端详了半天,也看不出是什么东西留下来的。于是,她好奇地把自己的脚放到了大脚印里。

就在这时,她有了一种奇怪的感觉。姜女原也没多想,很快就回家了。说来奇怪,姜女原回家后发现自己怀孕了,她觉得自己生儿子的梦想就要实现了,特别高兴。过了一段时间,姜女原分娩了,她生下一个肉球。

后来肉球上竟然出现了一道裂缝,里面钻出一个哇哇哭啼的男孩。这个男孩在母亲抚养下,一天天长大。他聪慧善良,对万事万物都充满好奇,后来他发明了种植和农具,使人们的生活越来越好了。

部落首领听说他如此有才能,就封他掌管农耕。从此,他向全天下的人传授耕种的技术,人们学会了种植农作物。后人为了纪念他,

尊称他为"后稷",他就是人们所说的"农神",也
就是神农氏炎帝。

　　周人因为其始祖母姜女原踩了巨人的足迹,而受
孕生了后稷。姜女原所踩的巨人足迹是熊迹,所以周
人以熊为图腾,并以"姬"为姓。

　　相传禹的母因吞食薏苡而生禹,简狄因吞食燕卵
而生契。据《论衡·奇怪篇》记载:

《论衡》 东汉时
期思想家王充的
一部著作,是一
部宣传无神论的
檄文,是古代唯
物主义的哲学文
献。在我国哲学
史上具有划时代
的意义。"衡"
字本义是天平,
《论衡》就是评
定当时言论价值
的天平。它的目
的是"冀悟迷惑
之心,使知虚实
之分"。

　　　禹母吞薏苡而生禹,故夏姓曰"姒";
　　　契母吞燕卵而生契,故殷姓曰"子"。

　　薏苡也叫"车前子",是一种植物,这两段文字
都是吞物感生的史事,禹的母亲因吞食了薏苡,于是

■ 炎帝画像

受孕而生下了大禹,故
夏人以薏苡为其图腾,
并以"姒"为姓。

　　商的祖先契因为其
始祖母简狄吞食玄鸟的
"子"而生下了契,故
商人便以玄鸟为图腾,
并姓"子"。所谓"天
命玄鸟,降而生商",
就是指的此事。

　　这是"吞物"感
生,"吞物"感生就是
女性无意吞食某种图腾

而导致受孕，此类图腾多系植物或动物的蛋。

在我国还有"遇异"感生的说法，"遇异"感生就是女性与怪异的图腾事象发生接触或受其干扰而导致受孕，此类图腾多为无生物或自然气象，如雷、电等。

原始初民将生育看成是自然物象的神秘力量作用于女子的结果，是某种天意的表现。他们把图腾视为始祖母的原配，对其顶礼膜拜。并把图腾物的名称作为本氏族部落成员共同拥有的符号标志，就是族号，也叫族徽。

图腾崇拜的内涵之一就是，氏族及个别成员都须采用图腾物构成自己的名字，一个图腾开始是部落之间发生交往时，这一名称就成了他们区别的符号，如一个部族的标记，而后是部族的名字，最后是部族祖先的名字。

于是，不同氏族部落的全体成员头上，都顶有一个代表他们本部落的符号，当时部落有鸟部落、熊部落。当部落与部落间发生战争，或流落他方时，这一名称就无疑产生了精神纽带作用与强大的凝聚力量。

羊图腾

久而久之，图腾名称就逐渐演化成了同一氏族的共同标记，即姓。

在我国其他的一些少数民族中，图腾崇拜与图腾感生的传说更是屡见不鲜，有的甚至一直都被流传了下来，成为一种独特的民族习俗。

中华姓氏图腾

如东夷部族以鸟为图腾，以鸟为官名，以鸟为姓氏。南蛮人传说其始祖父是神犬盘瓠，突厥人说他们的始祖母是一匹母狼，古夜郎人相信他们的始祖出自一支三节大竹，党项人自称是源自猕猴，达斡尔族传说其始祖母是一只的美丽的狐狸，苗族认为枫木是自己的始祖，怒族传说其祖先是蜜蜂变的，鄂伦春人认母熊为其始祖母，而壮族则认为自己是青蛙皇帝的后裔，傈僳族、白族、彝族则认为虎是他们的祖先。

在这些少数民族地区，从他们保留下来的原始图腾的传说和习俗中仍可以找到以图腾为姓的事例。

阅读链接

传说大禹的父亲鲧，娶了一位叫女嬉的姑娘，但是结婚很多年，女嬉都没有生孩子，大家都很着急。

有一天晚上，女嬉在地上行走时，她看到有流星飞过，顿时有了某种感应，回到家里，她吃了一个薏苡仁。后来女嬉就怀孕了，并生下一个男孩，这就是后来的大禹。

大禹成为夏商的先祖，夏人从此就以薏苡为其图腾，"苡""姒"音似，夏人从此就姓"姒"了。

以母为姓的母系社会时期

我国姓氏除了与原始图腾关系密切外，还与古代的女性分不开。那是在漫长的远古部落时代，人们多以狩猎满足于基本的生活。

人们没有确定的婚姻关系，也没有真正的社会组织姓氏。人类经过长时期的不断发展，远古先民的游群部落逐步走向一种较高级的形

■ 舜帝画像

态，这就是母系氏族社会。

这时候，人们已经走向社会组织形式下的"人"的角色分工，在男女性别对应下，常常是男子外出狩猎，女子则定居一方。

虽说人们都从事采集生产，但相比之下，女子的食、宿反倒有所保证，而男子则是饥一顿饱一顿，常常成为女性

■ 母系社会生活场
景石雕

住地的"投宿者"。

那时候，男人和女人之间没有固定的配偶关系，男女交配繁衍之下的子女只知有母，母亲便成为后嗣唯一确认的尊亲。

传说远古时候在任地有一个部落，以地名为称呼，其首领叫任，也称"皇"。壬皇因手持规，有丁女手持矩，壬皇娶了丁女，生了三个儿子取名天皇、地皇、人皇，后世将他们称之为"三皇"。

至此，皇部落诞生，自称"规矩皇族""皇族"，最著名的就是人皇，规矩是皇族任氏的象征与图腾。规矩皇族基本上类似人类始祖。

人皇继承了部落首领，被称为"帝"，生下儿子戊和女儿己。皇子戊娶了癸女，于是产生了帝族。戊手持斧钺，武威四方；癸手持张开的圆规，那是她的佩饰。戊与癸生了儿子取名舜，因为"舜"字是"癸

三皇 我国创世
神话中的"三
皇"是指距盘古
开天辟地后的55
万年，陆续出现
了三位伟大的神
祇。"皇"的原
意就是神祇，
"三皇"称谓仅
是一种传说，都
是远古时期做
过特别重大贡
献的部落群体和
首领。"三皇"
一般指伏羲、神
农、黄帝。

+戊”的合成，舜后来继承了部落首领。

舜娶了一对姐妹，姐妹也佩饰圆规，因此人们说舜娶了两个癸，其实舜娶的是娥皇、女英姐妹。后来，两个癸分别生了很多孩子，为了区分母亲，有一支癸女的后代，将母亲"癸"下加"女"，形成"姜"姓；另一支癸女所生的后代，将"癸"左边加"女"字，形成"姚"姓。

所以，姜姓、姚姓，都是帝的后代，因为母亲不同，所以形成了不同的姓。姚、姜皆因母得姓，皆为癸女之后。

那时，人们只知有母，不知有父。所以"姓"是"女"和"生"组成，就说明最早的姓是跟母亲的姓。从西周铜器铭文可以看出，具有明确考证的姓不到30个，大多数都从"女"字旁。如姜、姚、姒、姬、娲、婢、妊、妃、好、嬴等。

不仅古姓多与"女"字相关，就连"姓"这个字本身也从"女"字旁，这就是母系氏族制度的一个特征性产物。

在那时，妇女在生产生活中居于支配地位，实行群婚制，兄弟姐妹之间可以通婚。所以在神话里，流

■ 舜帝铜像

铭文 古人在青铜礼器上加铸铭文以记铸造该器的缘由、所纪念或祭祀的人物等，后来就泛指在各类器物上特意留下的记录该器物制作的时间、地点、工匠姓名、作坊名称等的文字。

传着"圣人无父，感天而生"的许多故事。许多古姓都从"女"旁，就可见我们祖先经历过母系氏族社会的痕迹。

后来东汉著名文字学家许慎在《说文解字》里这样说：

> 姓，人所生也。因生以为姓，从女从生。

这就是说，人是母亲生的，故"姓"字为"女"旁。后来南宋史学家郑樵在《通志》中也说：

> 生民之本，在于姓氏。男子称氏，所以别贵贱。女子称姓，所以别婚姻。

由此可见，姓是古人用以判贵贱、明世系、别婚姻的，体现了一个家族的群体性。

■ 姓氏图腾

范姓 方姓 石姓 姚姓 顾姓 侯姓 邵姓 孟姓 梁姓 宋姓 郑姓
谭姓 廖姓 邹姓 熊姓 龙姓 万姓 段姓 雷姓 韩姓 唐姓 冯姓
金姓 陆姓 郝姓 孔姓 钱姓 汤姓 尹姓 易姓 董姓 萧姓 程姓
白姓 崔姓 康姓 毛姓 黎姓 常姓 武姓 乔姓 袁姓 邓姓 许姓
邱姓 秦姓 江姓 史姓 贺姓 赖姓 龚姓 文姓 沈姓 曾姓 彭姓

《通志》 南宋郑樵编撰，是一部以人物为中心的纪传体通史。是自《史记》之后的又一部纪传体通史性著作，该书记载了自三皇五帝到隋朝的历史。因为在典章制度方面的突出，与《通典》、《文献通考》并称"三通"。

■ 华夏姓氏图腾

采邑 古代国君封赐给卿大夫作为世禄的田邑，也叫"采地""封地""食邑"。受到这种赏赐的人必须效忠君主，并承担进贡和在战时提供兵员的义务。受赏赐的人对采邑中的百姓有管辖权，并课征租税。初为终身占有，后变为世袭。

"姓"字从"女"从"生"，表示人都是由女性所生，这女性当然就是母亲了。世界上无论什么人，生下来后都会有一个姓和一个名，以表示他是属于某一氏族的成员。

姓的出现是原始人类逐步摆脱蒙昧状态的一个标志。随着社会生产力的发展，母系氏族制度过渡到父系氏族制度，姓改为从父了。从周代以来，人的姓大多从父了，即以父之姓为姓，并且代代相传。

其实，"姓"本身只从"生"，加"女"偏旁，为形声字，反而后起于"生"字。因此，金文中"百姓"均写作"百生"。不但"姓"从"生"，而且"性"亦从"生"，故人性即"人生"，性命亦即"生命"。

从黄帝时代开始，母系的姓氏已不再是命姓的根据了。后世姓氏的起源可以大致归为几类。以古姓命氏，如任、风、子等。

以邑名为氏，邑就是采邑，是帝王及各诸侯国国君赐予同姓或异性卿大夫的封地，其后代或生活在这些采邑中的人，有的便继之为氏。如周武王时，封司寇岔生采邑于苏，岔生后代便姓"苏"了。一些复姓由于漫长的历史演变，后来逐渐就不存在了。

以先人名或字命氏，出自此条的姓氏很多。如周平王的庶子字"林开"，其后代以林姓传世；宋戴公之子公子充石，字"皇父"，其孙以祖父字为氏，汉代时改皇父为"皇甫"。

还有以兄弟行次顺序为氏的，一般一家一族，按兄弟顺序排行取姓，如老大为"伯"或"孟"，老二为"仲"，老三为"叔"，老四为"季"等。

后代相沿为氏，表示在宗族中的顺序。但也有例外，如鲁庄公之弟庄父排行老二，本为仲氏、仲孙氏，因他有弑君之罪，后代便改姓"孟"，或姓"孟孙"了。

宗族 亦称"家族"。"族"，指父系单系亲属集团，即以一成年男姓为中心，按照父子相承的继嗣原则上溯下延，这是宗族的主线。主线旁有若干支线，支线排列的次序根据与主线之间的血缘关系的远近而决定。族内有家，因此族又是家庭的联合体。

017

命脉之根

姓氏渊源

■古籍《百家姓》

以职官名称命氏，如司徒、司马、司空、司士、司寇、太史等。一些以官职为姓的姓氏，单从字义上看，也可以分辨出来，如籍、谏、库、仓、军、厨等。

以职业技艺命氏，如张、巫、屠、优、卜、陶等。以祖上谥号为氏，如戴、召等。

我国古代少数民族借用汉字单字为氏，如拓跋氏改为"元"、叱卢氏改为"祝"、关尔佳氏改为"关"、钮祜禄氏改为"钮"等。

还有因赐姓、避讳改姓氏的，如明代赏功臣唐王胡赐以"李"姓，明王朝还赐"朱"姓等。汉文帝名刘恒，恒姓避讳改为"常"氏。西晋帝祖上是司马师，师姓遂缺笔改为"帅"氏。还有因避仇杀改姓，如端木子贡后代避仇改"沐"姓，牛姓避仇改"牢"姓等。

姓作为氏族社会时期氏族部落的标志符号而产生，其后人有的便直接承袭为氏了。

还有以国名为氏，如春秋战国时期的诸侯国齐、鲁、晋、宋、郑、吴、越、秦、楚、卫、韩、赵、

■ 中华姓氏图腾

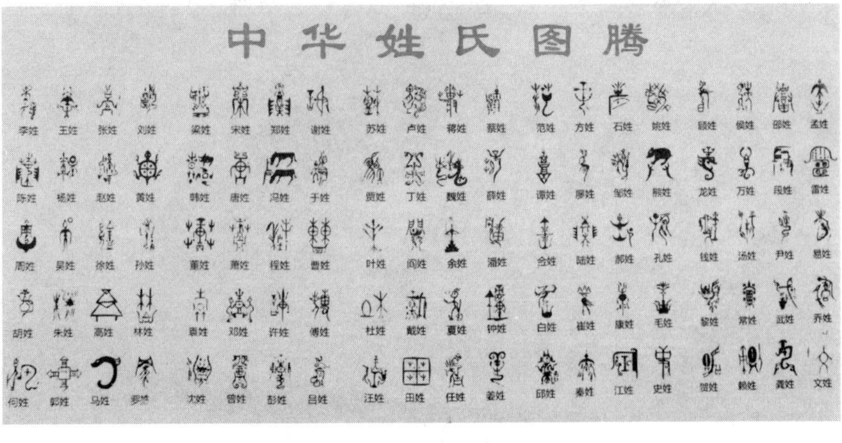

中华姓氏图腾

姓氏竹筒

魏、燕、陈、蔡、曹、胡、许等，皆成为后来的常见姓。

以乡、亭之名为氏，这类情况不多，后来常见姓有裴、陆、阎、郝、欧阳等。

姓氏起源的形式多种多样，并且处于不断发展变化中，同姓异源或异姓同源的情况也不在少数。随着岁月的流逝，许多出现的新姓氏加入到旧有的姓氏行列中了。

阅读链接

在我国古代，尽管社会上已经流行跟父亲姓了，但也有少数跟母亲姓的，古人叫做"冒姓"。

汉代吕后姐姐的儿子叫吕长姁，他所以姓吕，很明显是因吕家权高势重而从母姓的。汉代赵王刘彭祖有宠姬名淖姬，她生了一个男孩，取名叫淖子，这也是以其母之淖为姓。

这些从母姓者都是皇室或大贵族，从母姓的现象，很可能出于大贵族中一夫多妻制下的多子女，为了按生母的地位来区分高下贵贱的需要，用以区分远近亲疏。

从姓中逐渐分化出来的氏

　　传说那是在上古时期，人少而禽兽多，人类居住在地面上，经常遭受禽兽攻击，每时每刻都存在着伤亡危险。在恶劣环境逼迫下，部分人开始往北迁徙，他们来到中原一带。

■古代穴居生活

人们受鼠类动物的启发，在黄土高原的山坡上打洞，人居住在里面，用石头或树枝挡住洞口，用以预防禽兽的攻击。

在气候寒冷的北方，先民们走向穴居的时代，有些畏寒不愿北迁的南方先民们，在恶劣环境逼迫下，开始考虑自己安全的居住了。

有个人受鸟雀在树上搭窝的启发，指导人们用树枝和藤条在高大的树干上建造房屋，房屋的四壁和屋顶都用树枝遮挡得严严实实，即挡风避雨，又可防止禽兽攻击，从此以后人们不再过那种担惊受怕的日子了。

■ 古代钻木取火塑像

人们非常感激这位发明巢居的人，便推选他为当地的部落酋长，尊称他为有巢氏。有巢氏被推选为部落酋长后，为大家办了许多好事，影响很大，各部落人都认为他德高望重，一致推选他为总首领，尊称他为"巢皇"。

那时候，人们只能吃生食，茹毛饮血。生食腥臊恶臭，伤害肠胃，许多人生了疾病。后来，人们发现火烤熟的食物味美且易消化。

但是，因雷击等产生的自然火种很少，而且容易

黄土高原 是世界最大的黄土沉积区。位于中国中部偏北。面积约62万平方千米，海拔1.5千米至2千米。除少数石质山地外，高原上覆盖深厚的黄土层，黄土厚度在50至80米之间，最厚达150至180米。黄土高原矿产丰富，煤矿、铁矿、稀土矿储量大。

万姓之根

姓氏与名字号及称谓

■ 原始人耕种水稻
复原图

燧人氏 又称"燧人"，三皇之首，河南商丘人，他在河南一带钻木取火，教人熟食，是华夏人工取火的发明者，结束了远古人类茹毛饮血的历史，开创了华夏文明，商丘因此被誉为华夏文明的发祥地。燧人氏的神话反映了中国原始时代从利用自然火，进化到人工取火的情况。

熄灭，人们很难得到并保留火种。这时有一个人，从鸟啄燧木出现火花获得启发，他就折下燧木枝，钻木取火，获得了火种。

他把这种方法教给了人们，人类从此学会了人工取火，学会了用火烤制食物、照明、取暖、冶炼等，人类的生活进入了一个新阶段。于是人们称这位能人为燧人氏。

随着人口越来越多，那时维持生计的主要是猎物和植物果实。可是，天上的飞禽越来越少，地上的走兽也越打越稀，所得的食物就难以果腹了。怎样才能解决人们的吃食问题呢？

有一天，有一只周身通红的鸟儿，衔着一颗五彩九穗谷的谷粒，飞在天空，掠过了一个人的头顶，九穗谷掉在了地上。

有个人看见了，就拾起来埋在了土壤里，后来就长出了一棵苗，不久苗又结了穗。这个人就把谷穗放在手里揉搓后放在嘴里，他感到很好吃。

这个人从中受到了启发，他想要是把谷粒埋到土里，年年种植，年年收获，这样人们的食物就会源源不断了，人们的吃食问题不就解决了吗？

但是那时，五谷和杂草长在一起，哪些可以吃，哪些不可以吃呢？谁也分不清。这人就一样一样地尝，一样一样地试种，最后他从中筛选出了菽、麦、稷、稻、黍等五谷。这人教会人们种植五谷后，也逐渐满足了人们的吃食问题了。人们为了感谢这人，就给他取名为"神农氏"。

在上古时候，在三皇之后，出现了5个伟大人物，就是我国最早的"五氏"，分别是有巢氏、燧人氏、伏羲氏、女娲氏和神农氏，其功绩和贡献是建屋、取火、蒙养、婚嫁和稼穑，使得人们最基本生存、生活条件得以改善，使人类能够得以生存繁衍，结束了原始生存状态。

■燧人氏塑像

■ 三祖堂黄帝壁画

蚩尤 中华始祖之一。相传蚩尤面如牛首，背生双翅，是牛图腾和鸟图腾氏族的首领，双角牛头又是传统的龙文化里的龙。他有兄弟81人，都有铜头铁额，8条胳膊，9只脚趾，个个本领非凡。上古时代九黎族部落首长。

黄帝以"姬"为姓，但却不称"少典氏"或"有娇氏"，而称"有熊氏"和"轩辕氏"。这是怎么回事呢？

这还得从黄帝战炎帝、蚩尤说起。

相传，黄帝所率部落群在战胜炎帝所率领的部落群以后，又打败了蚩尤率领的九黎族部落群，最后黄帝的氏族部落驻在一个叫"有熊"的地方，后来，"有熊"这个地方便在黄帝氏族部落的繁衍下得以形成"有熊氏"。

黄帝氏族部落除了"有熊氏"之外，还有"轩辕氏"氏族部落，"轩辕"也是一个和黄帝本人有密切关系的地名。

汉代著名的史学家司马迁在《史记·五帝本纪》

记载：

> 黄帝轩辕之立，而娶于西陵之女，是为嫘祖。

这句话的意思是，黄帝在一个叫轩辕之丘的地方娶了西陵之女，也就是嫘祖，后来，黄帝部落的子子孙孙便称自己为"轩辕氏"。

还有一个说法，说黄帝曾经发明了车驾，我国最早的马拉车就是他发明的，后来人们为了纪念他的这一发明，将黄帝氏族的后人称为"轩辕氏"，是因为在古代人们把有帷幕而前顶较高的车称为"轩"，把车前驾牲畜的两根直木为"辕"的缘故。

如果说，最初的姓是在标示出了某种母系或父系

《五帝本纪》

《史记》全书130篇中的第一篇，记载的是远古传说中相继为帝的5个部落首领的事迹，同时也记录了当时部落之间频繁的战争，部落联盟首领实行禅让，远古初民战猛兽、治洪水、开良田、种嘉谷、观测天文、推算历法、谱制音乐舞蹈等多方面的情况。

命脉之根
姓氏渊源

■ 黄帝带领人们创造舟车

■ 姓氏图腾

谢姓	李姓	王姓	张姓	刘姓	苏姓	卢姓	蒋姓	蔡姓
于姓	陈姓	杨姓	赵姓	黄姓	贾姓	丁姓	魏姓	薛姓
曹姓	周姓	吴姓	徐姓	孙姓	叶姓	阎姓	余姓	潘姓
傅姓	胡姓	朱姓	高姓	林姓	杜姓	戴姓	夏姓	钟姓
吕姓	何姓	郭姓	马姓	罗姓	江姓	田姓	任姓	姜姓

的更加古老血缘的，那么"氏"则体现这一血缘中的杰出人物，以及他们身上某种世所公认的事迹或历史因缘。氏的出现，从此分别出血缘支系，让后世子孙在这一支系内单独呈现其血缘宗亲在远古时期的历史荣耀。

在那远古时期，人们以氏来区别贵贱，贵者有氏，贫贱者有名无氏。在漫长的历史进程中，大多数在历史上拥有过共同血缘的人，因为有名无氏而消失得无声无息，只有其中最为杰出的人物，会因为有值得纪念的历史事件而得到一个"氏"号，从而使同姓的血缘获得流传，他们通过标记自己独特的子孙，而成为一个新的姓氏。

姓氏是一部英雄史诗，人们总会在一个独立的姓氏里，得到遥远而神圣的安身立命之据，得知某种不死的信念和值得自豪的事迹。

可以说，"姓"的出现，能够区分不同的血缘或部落了，但是随着社会的不断发展分化，"姓"就不能表明每个人的特点了，于是就产生了"氏"。

氏的作用是，或表明某人在生产、生活所属地域，或表明某人在当时所拥有的职官、技能或荣誉，或表明某人不同凡响事迹、经历、声望和地位等，这时候，人们所得到的"氏"称号，与"姓"的共同血缘毫不相干。

相对于之前母系社会而言，此时的原始先民，他们从姓的演变分化出来的氏，集合着浓郁的地域、职业、官位与其他世俗行业的特征，得到与祖姓有所不同的一脉血缘的新命名，他们从而开始以氏命姓，以氏代姓。

姓分化为氏，这是我国远古先民姓氏演进中的一个非常重要的时期。但是无论何时何地，炎黄子孙总是会以自己的姓氏为据，在华夏大地这个姓氏血脉相通的地方认祖归宗。

炎黄子孙 是华人的自称。"炎"指炎帝，"黄"指黄帝，炎黄二帝为中华始祖。传说他们出自同一个部落，后来成为两个敌对的部落的首领。两个部落展开阪泉之战，黄帝打败了炎帝，两个部落渐渐融合成华夏族，华夏族在汉朝以后称为汉人，唐朝以后又称为唐人。炎帝和黄帝也是中国文化、技术的始祖，传说他们以及他们的臣子、后代创造了上古几乎所有重要的发明。

命脉之根

姓氏渊源

阅读链接

传说神农氏小时候，在山上寻找食物时，忽然刮起大风下起大雨了。他在回家路上，发现吹断树枝跌落地上，把地打成一个又一个大洞，有的还把泥土翻了出来。

他心里很高兴，他回到家里，便把木料砍削成一种翻土的耒耜，在屋旁翻土，试种草木。他起先把结有果实的草木连根拔起来，再栽起来，但没有成功。

尽管如此，他从不气馁，他种了又种，终于他栽下的草木破土而出了，逐渐长得根深叶茂了，并结出了黄澄澄、沉甸甸的稻、黍、稷、麦、菽五种谷物。他教会了人们种庄稼，人们就叫他"神农氏"。

为了区别婚姻而产生的氏

原始人生活场景

那是在上古时期，人们群居杂婚，难免出现近亲婚育的弊端。伏羲认识到了这种危害，于是他就"正姓氏，通媒妁，制嫁娶"。

他根据不同人群的自然崇拜给他们起了姓氏，并制订了一套同姓不婚的嫁娶礼仪制度，从而避免了血亲通婚，实现优生的繁衍。

姓氏作为"远禽兽，别婚姻"的符号，便成为了我们中华民族文明进步的重要标记，经过代代相传，延绵不断，成为了我们中华民族生生不息的血缘纽带。

相对于我国早期的母系社会

原始人生活图

而言，因地域分化、职业分化、官位分化，或者其他种种世俗业的分化而表现出来的氏，起初不过是在表明独特的地域、独特的职官或技能，表明某个获得氏称的个人不同凡响的事迹、经历、声望和地位，与"姓"的共同血缘并不相干。

但是，贵而有氏的这些英雄们的后代，则可能从此找到与祖姓有所不同的一脉血缘的新命名，继而以氏命姓，以氏代姓。

原始以母系生殖为标志的血缘谱系，向父系以英雄业绩及其发生地为标志血缘谱系的转化，是姓分化为氏，氏历久而成姓这一历史循环的第一个转折点。

无论何时何地，身在他乡的炎黄子孙总是会以自己的姓氏为据，回到与这个姓氏血脉相通的地方认祖归宗。

到了原始社会的末期，黄帝治理天下时，已有"胙土命氏"，出现了氏。夏商两代，也有少量的"氏"产生。氏的产生，最大量、最频繁的时代是周朝。周朝初年，为控制征服的广大地区，大规模地分封诸侯。

周武王、周公旦和成王，先后把土地分封给兄弟、亲戚及异姓功臣等，建立了71个封国，其中有武王的兄弟16人，同姓贵族40人。而这些诸侯国的后人即以封国名为氏。

万姓之根

姓氏与名字号·及称谓

■ 周朝分封各诸侯

司马迁 字子长，生于西汉时夏阳，即今陕西省韩城。西汉史学家和文学家。被世人称为"历史之父"。他所著的《史记》是我国第一部纪传体通史，同时在文学上取得了辉煌的艺术成就。因此，鲁迅称之为"史家之绝唱，无韵之离骚"。

据后世统计，由周王室同姓封国得氏的有48个，由异姓封国得氏的约有60个。另外各诸侯国又以同样方法对国内卿大夫进行分封，即大夫后人以所受封邑名称为氏，如田、白、鲍、费、范、屈、钟离、邯郸等。

经过层层分封，以封国、封邑名称为氏如雨后春笋般出现，所以说周朝是我国氏的发展最重要的时期。而后，各种形式的氏的来源又不断出现，氏的繁衍滋生越来越多，氏的数量远远超过了姓的数量。

其实，在夏、商、周三代的时候，"氏"就已经很普遍了，人们有姓也有氏。到战国时期，社会剧烈变动，旧贵族没落了，有的还沦为奴隶。这表明贵族身份的氏，已无存在的必要。

"姓"是从居住的村落，或者所属的部族名称而来。"氏"是从君主所封的地、所赐的爵位、所任的官职，或者死后按照功绩，追加的称号而来。所以贵族有姓、有名、也有氏。

秦代时，旧贵族瓦解，西周封建宗法制度基本结束，旧的氏族及姓氏制度也被清除殆尽。西汉时期，姓和氏的区别已经微乎其微。

司马迁作《史记》时，干脆把姓氏混为一谈：

> 姓氏之称，自太史公始混而为一，《本纪》于秦始皇则曰"姓赵氏"，于汉高祖则曰"姓刘氏"，是也。

此后我国姓与氏开始趋于合而为一，或言姓，或言氏，氏即姓，人们使用姓氏简单省事，也无贵贱之别，因而平民也从无姓到有姓。

《史记》是由司马迁撰写的我国第一部纪传体通史，是二十五史的第一部。记载了上自上古传说中的黄帝时代，下至汉武帝太初元年间共3000多年的历史。《史记》最初没有书名，或称"太史公书""太史公传"，也省称"太史公"。

阅读链接

在盘古开天辟地之后，人皇氏成为最早帝王之一，也是从人皇氏开始规定了夫妇之道。至伏羲氏时，原始的畜牧业迅速发展，九州大地和睦相处，一片太平景象，但是最让伏羲伤脑筋的是在当时出生的婴儿中，经常会有畸形的怪异现象出现。

后来经过长时间的观察，伏羲惊讶地发现，这与当时存在的男女群婚、乱婚现象有关。为了避免这种现象发生，提升族人的生存力量，伏羲在华夏九州开始了"制嫁娶"，实行男女对偶婚的制度。

他先定姓氏，以防止乱婚和近婚，实现了中华民族从愚昧走向文明的跨越。同时也是从伏羲氏开始，有了嫁娶"以俪皮为礼"的风俗，使得嫁娶成为一件重大而有意义的事情。

姓和氏慢慢开始合而为一

甲骨文姓氏对照表

秦代以前，姓和氏是含义不同、各有所指的两个单音词。姓字的古形字是"人"和"生"组成的，意为人所生，因生而为姓。

秦代刻石《诅楚文》中，始见姓字为"女"字和"生"字的组合字，这一字形最终被汉代人许慎定形，成为会意字。

氏字的出现，早在甲骨文中就有。清代文字学家朱骏声在其名著《说文通训定声》中，解释"氏"字本意为木本，是植物之根，为象形字，后来被转注为姓氏的氏，取木之根本之意。

夏商周三代，姓的社会职能是代表有共同血缘关系的种族称号，而氏是从姓中派生的分支。《通鉴外纪史记》说：

> 姓者，统其祖考之所出；氏者，别其子孙之所自分。

姓起源较早，形成后也较为稳定；氏起源较晚并不断发生变化。《国语·周语》记载：

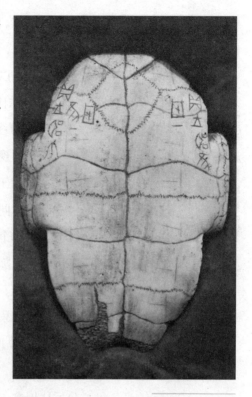

■甲骨文

> 姓者，生也，以此为祖，令之相生，虽不及百世，而此姓不改。族者，属也，享其子孙共相连属，其旁支别属，则各自为氏。

总之，姓为氏之本，氏由姓所出。商周以前，姓用以区别婚姻，故有同姓、异姓、庶姓之说。氏用以区别贵贱，贵者有氏，而贫贱者有名无氏。氏同而姓不同，婚姻可通；同姓不可通婚。

由于"姓"取决于血缘，生而有姓，故终生不变，世代相承；"氏"则源出君主所赐，后天而来，

《诅楚文》相传为秦代石刻文字。战国后期秦楚争霸激烈，秦王祈求天神保佑秦国获胜，诅咒楚国败亡，因称《诅楚文》。北宋时发现三块，根据所祈神名分别命名为"巫咸""大沈厥湫""亚驼"。《诅楚文》有较高的文学价值、史料价值和书法价值。

■ 舜雕塑

万姓之根

姓氏与名字号及称谓

妫满 是虞舜的后人，故又称"虞满"。他的父亲逼父，是制陶专家。作为陈国的首任国君，他首先修筑了陈城，以抵御外敌入侵；以周朝的礼义德行教化百姓，使陈国成为礼仪之邦；同时选贤任能，扬善罚恶，励精图治，使陈国强立于十二大诸侯国之林。

可因封赏、地域的变化而一变再变。

加之，"氏"的来源中，还有以爵为"氏"，以族为"氏"，以技为"氏"，以谥为"氏"，以字为"氏"，以名为"氏"等多种形式，于是出现了一姓多"氏"的现象。

如周王室本为姬姓，在西周大分封中，分封同姓诸侯国达40国之多，姬姓即分去为40个新"氏"。又如周初封舜帝后裔妫满于陈国，遂以陈为"氏"。妫满死后，赐号胡公，又以胡为"氏"。

因舜生于姚墟，故以姚为"氏"，妫满后裔中有一去食邑于田，又以田为"氏"。于是"妫、陈、胡、姚、田"被称为"舜裔五姓"。

鲁孝公后代展禽，因其先人字子展而得展氏，因受封于柳，而得柳氏，死后谥号惠，而得惠氏。公孙鞅因是卫国人称卫鞅，因受封于商而称商鞅，因是卫国公族之孙，也称公孙鞅。再如晋国大夫士会一生中称谓有9个，分别是士会、随季、武子、士季、随会、随武子、范会、范武子、范子，其中随、范为封邑，士为官职，季为排行，武为谥号，会为名字。

这种"姓""氏"并用共存的"姓氏双轨"制历经夏、商、西周，一直延续到春秋末期。到战国之际，由于社会的急剧动荡，"礼乐崩毁，社会失序"，"姓氏双轨"制赖以生存的社会基础日益瓦解。

首先，从"胙土命氏，氏明贵贱"的角度来看，春秋末期周天子的权威下降，已无力分封和控制诸侯，不再具备"胙土命氏"的实力，诸侯僭越称位，自立王侯者时有所闻，亡国失氏者屡见不鲜。

到春秋末期，周初分封的百余个大小诸侯，仅剩下晋、齐、秦、郑、宋、卫、鲁、陈、蔡、许、曹、楚12大诸侯。进入战国时期，又形成秦、楚、齐、燕、韩、赵、魏七雄争霸的局面。长期的诸侯割据、兼并战乱，使一些世家大族因灭国或失掉封邑，流离失所，坠命亡氏，降为庶民。

而一些士人阶层和庶民百姓则乘势而起，逐步登

商鞅 （约前395—前338），战国时代政治家、改革家、思想家，法家代表人物，卫国人，卫国国君的后裔，姬姓公孙氏，故又称卫鞅、公孙鞅。后因在河西之战中立功获封商于十五邑，号为商君，故称之为商鞅。

035

命脉之根

姓氏渊源

■ 诸侯称雄形势图

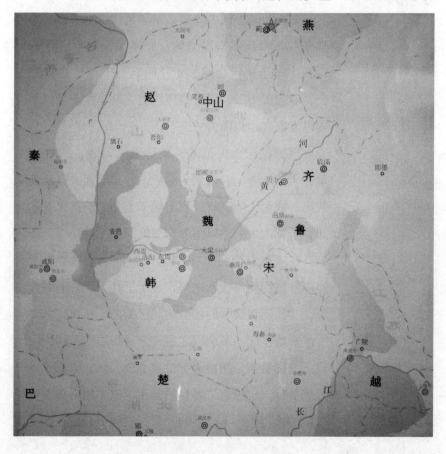

■ 范蠡画像

万姓之根

姓氏与名字号及称谓

猗顿 春秋时代的鲁国的贫寒书生，战国时魏国人。猗顿是其号，姓名已无可考。他是我国战国初年著名的大手工业者和商人，为山西地区手工业和商业的发展起了很大的推动作用。

上政治舞台。如商鞅、范雎、苏秦、张仪等，都是依仗着自己的才能功业，列土封侯，成为新的贵族阶层，产生了新的氏族。

尤其是春秋末期，随着"井田"制的破坏和土地私有制的确立及商业贸易发展，拥有大片土地私有权的地主阶级和新兴的商业人士，逐渐取代了由封建宗法产生的、世袭土地臣民的贵族阶层，成为社会的新贵。

如春秋时鲁国人猗顿，早年是"耕则常饥，桑则常寒"，常年不得温饱的一介平民，后弃农经商，"畜牛羊于猗氏之南，十年间其息不可讲，贵似王公，驰名天下"，成为我国历史上最早的商业巨子，遂以发家之地猗氏为"氏"。

再如越国大夫范蠡，辅佐越王勾践，"十年生聚，十年教养"，来到吴国后，即挂印而去，经商于四海，成为天下巨富，后定居于帝尧之子丹朱故地陶邱，自称陶朱公，以陶朱为"氏"。

在"重农抑商""重本轻末"的宗法社会里，因经商致富而厕身氏族之列，说明了社会风气的一大变革，"氏明贵贱"的社会功能已失去了其现实意义。

秦始皇统一了全国之后，分封制随之瓦解，取而代之的郡县制，使得天下没有了公、侯、伯、子、男五等爵位，也没有了各自的分土。原先用来代表贵族身份的氏也失去了以往的光彩，只剩下标记直系血统的作用，与先前用来区别婚姻的姓没有什么差别。

此外，在不断的社会变革中，一大批原来不配赐姓享氏的平民一跃而成为新贵族，他们自然不愿遵守原先的姓氏制度。如汉高祖刘邦身为布衣，根本无从考究族姓，故而以氏代姓，而后世莫能改焉。这就是姓、氏混言，以氏为姓，姓氏合一成为必然。

西汉时期，姓和氏的区别分野已经微乎其微。司马迁作《史记》时，干脆把姓氏混为一谈，成为不可分割的同一属姓了。

随着氏族制度的解体和阶级社会、国家制度的形成，出现了赏赐封赠土地以命氏的习惯。继而，氏之滥觞，出现以各种形式得氏的现象。至此，姓和氏本意的属性分野，实质上已不太明显。

由先秦时的姓氏相别、姓氏双轨，到秦汉以来的姓氏合一、姓氏通用，是姓氏发展史上一个重大的转折、演变，秦汉以后，姓氏不别，混为一体，或言

布衣 平民百姓的最普通的廉价衣服；"布衣蔬食"常形容生活俭朴；"布衣百姓"是指广大劳苦大众，布制的衣服，借指平民。古代"布"指麻葛之类的织物，"帛"指丝织品。富贵人家穿绫罗绸缎与丝绵织物，平民穿麻、葛织物。后也以布衣称没有做官的读书人。

■《史记》

司马迁著史

姓，或言氏，或兼称"姓氏"。这种"姓氏合一"的结果，使原先用以明贵贱的"氏"完全融入原始的姓中，极大地丰富和扩展了姓的数量和内涵，形成姓氏的基本形态，姓氏体系基本定型，历朝历代虽有所发展、变化，但都基本上保持遵循了"姓氏合一"这一模式。

自此以后，姓氏不再有别，自帝王以至平民百姓，人人都享有姓氏的权利，每一个宗族都有自己固定的姓氏，子子孙孙持续使用。

阅读链接

齐国贵族大夫分别居住在东郭、南郭、西郭、北郭，郭为外城，这"四郭"便成了姓氏。这类姓氏不少，以复姓为多，一般带有乡、闾、里、宫、门等字，如百里、西门、东闾、南宫等。

西周设置五官，司徒掌管教化，司马掌管军事，司空掌管工程，司士掌管爵禄，司寇掌管刑狱，这五官的后代有的便以其官名为姓氏。

汉代设治粟都尉，主管粮食，其后代便姓"粟"。以官职为姓氏的还有掌商业的贾正、掌宫中戒令的宫正、上官、钱、农、师、监、库、仓、籍、谏等。

后世姓氏由来和大发展

从黄帝开始，母系已经不再是命姓氏根据。后世姓氏由来也出现了多样化发展情况。有的以古姓命氏，如任、风、子等。有的以分封采邑名为氏，是帝王及各诸侯国国君分予同姓或异性卿大夫的封地。

据说以邑为氏的姓氏近200个。有的后来已不复存在了。还有的人会以先人名或字命姓氏，因为这个原因而出现的姓氏有很多，据后世人们粗略的统计有五六百个，其中复姓近200个。

在社会中，总有一些人凭借自己努力而成为安邦治国的贤才，并在朝廷中担任一定的官职，这样，就出现了一些人以职

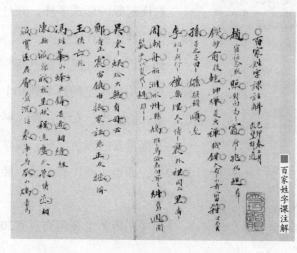

百家姓字课注解

■ 姓氏雕刻墙

欧阳 夏朝帝王少康的儿子无余，被封于会稽，建立了越国，为诸侯国。到春秋的时候被吴国灭亡。19年后，勾践又复国。到勾践六世孙无疆为越王的时候，越国为楚国所灭，无疆的次子蹄被封于乌程欧余山的南部，以山南为阳，所以称为欧阳亭侯。无疆的支庶子孙，于是以封地山名和封爵名为姓氏形成欧阳姓氏。

官名来称命姓氏，如司徒、司马、司空、司士、司寇、太史等，原先都是我国古代社会中官职，被沿用之后成为了复姓。

还有一些人以自己的职业和所掌握的技艺来命氏如张、巫、屠、优、卜、陶等。有的以祖上谥号为氏，如戴、召等。

姓作为氏族公社时期氏族部落的标志符号而产生，其后人有的便直接承袭为氏。母权制氏族社会以母亲为姓，所以那时许多姓都是女字旁。如姬、姜、姒、姚等。

在古代，当人们钟情于一样东西的时候，就以乡、亭之名为氏，但是这类情况在历史上很少见，流传下来的常见姓有裴、陆、阎、郝、欧阳等。

姓氏起源的形式多样，并且在不断发展，不断出现了新的姓氏家族之中。

到了后世，姓氏开始不断并大量产生。在西周以前，可以明确考定的姓不到30个，所谓祝融八姓，即己、董、彭、秃、女云、曹、斟、芈。

又据《晋语四》记载，黄帝25子，得姓者14人，为12姓，即姬、酉、祁、己、滕、箴、任、荀、僖、女吉等。

而《左传》也载西周只有20姓，即姬、姜、子、姒、芈、嬴、已、偃、女吉、祁、隗、风、曹、厘、任、姚、女云、董、归、允。其中隗、允分属古代少数民族亦狄、西戎之姓。

顾炎武在《日知录·姓》中说，春秋时代，本于五帝的姓为22个，包括姚、戈、庸、荀、嬉、伊、西等姓。由上可知，从有文字记载直至春秋战国，中国的古姓的数量只有30个左右。但经过春秋战国，短短的四五百年时间，中国的姓骤然多了起来。

仅汉代《急就篇》不完备统计，汉代已有单姓127个，复姓3个，共130个姓。以后历代修之姓氏书，都有所增加，到了明代已增至4600多个。

由此看来，一个姓可以繁衍出许多氏，而同一氏的后人还可以繁衍出不同的氏，因此能够查到的姓总共只有几十个，而在我国，人们使用过的姓氏超过8000，其中99%都是由后起的氏演变而来的。

姓的使用机会越来越少，就逐渐消亡出现了姓氏合一的现象。这时的姓氏兼表血统关系，开始稳定下来。

最早记述姓氏的专书是写成于春秋战国时代的《世本》。《世本》也是世界上首部姓氏学专书。其

《左传》 原名为《左氏春秋》，汉代改称《春秋左氏传》。《左传》相传是春秋末年左丘明为解释孔子的《春秋》而作，但实质上是一部独立撰写的史书。《左传》起自公元前722年，迄于公元前453年，以《春秋》为本，通过记述春秋时期的具体史实来说明《春秋》的纲目，是儒家重要经典之一。

■汉代《急就篇》

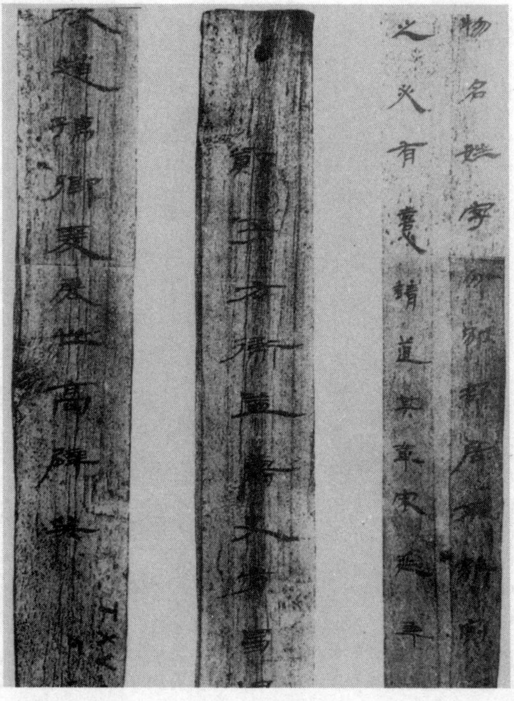

《三字经》是中华民族珍贵的文化遗产，它短小精悍、朗朗上口，千百年来，家喻户晓。其内容涵盖了历史、天文、地理、道德以及一些民间传说，所谓"熟读《三字经》，可知千古事"。其独特的思想价值和文化魅力仍然为世人所公认，被历代奉为经典并不断流传。

后历朝历代有关姓氏源流的著述，可谓汗牛充栋。

东汉时的《邓氏官谱》是我国第一部单一姓氏的族谱。至唐代贞观、开元之世，考叙姓氏源流的谱学渐成显学，到北宋形成前所未有的民间修谱高潮。

在生活中影响甚广的《百家姓》，就是北宋初年杭州一书生编成的蒙学读物。《百家姓》经增补后共收单姓414个，复姓60个。

《百家姓》采用4言体例，句句押韵，虽然它的内容没有文理，但读来顺口，易学好记，与《三字经》和《千字文》相配合，成为我国古代蒙学中的固定教材，该书颇具实用性，熟悉它，于古于今都是有裨益的。

《百家姓》是我国独有的文化现象，影响极深。

■《百家姓》竹简

それ所辑录的几个姓氏，体现了我国对宗脉与血缘的强烈认同感。姓氏文化，或谱牒文化，是我国文化的重要组成部分。

同时，《百家姓》在历史的衍化中，为人们寻找宗脉源流，建立血亲意义上的归属感，帮助人们认识传统的血亲情结，提供了重要的文本依据。

自北宋以降，民间私修谱牒成为我国著述史上的一大奇观。发展到后来，几乎每姓每族必有一谱，人人以入谱为终身大事。

阅读链接

清代康熙年间，爱新觉罗氏开始采用汉人按辈分取名的方法。曾先后以"承""保""长"三字命名，康熙二十年才固定下来，其中康熙帝之子雍正的名字为胤禛，孙辈用"弘"，曾孙辈用"永"。

乾隆时，又根据他作的一首诗，定了后人用"永""绵""奕""载"。道光时定了"溥""毓""恒""启"，咸丰时定"焘""闿""增""旗"。

堂号是姓氏中特有的文化

相传孟子幼时家靠墓田，孟子就学埋坟、哭丧的事。孟母为了教育好儿子，就迁到集市旁边住。孟子又学叫卖东西的声音，孟母只好又迁。最后迁到学校旁安家，孟子学习礼让进退。

由于孟母三迁，注意家庭教育，使孟子成为圣人。所以孟姓的后人就以"三迁堂"作为自己宗族的堂号。

■古画孟母教子

■ 汉高祖刘邦 （前256—前195），即汉太祖高皇帝，沛郡丰邑中阳里人，汉朝开国皇帝，汉民族和汉文化伟大的开拓者之一，是我国历史上杰出的政治家、卓越的战略家和指挥家。刘邦对我国的统一和强大有突出贡献。

在我国，堂号有很多类别特色。我国的姓氏文化，首先表现出来的社会心态就是对血缘关系的高度重视，不仅同一姓氏使用相同的堂号，而且有血缘关系的不同姓氏，也会使用同一堂号。

如著名的"六桂堂"，是闽粤一带洪、江、汪、龚、翁、方6个姓氏共同的一个堂号。据文献记载，这6个南方家族，虽然姓氏不同，但却是一个先祖；同一家族，追本溯源都是翁姓的后裔。

在江苏丰县刘氏汉里堂，为汉皇祖陵所在地的金刘寨刘氏裔孙乃汉高祖刘邦的后裔，世世代代为汉皇祖陵填坟祭祀，为表明自己是刘邦后裔又是在汉皇故里，故所建家祠是"汉里祠"，所以堂号是"汉里堂"。

以地域观念命名的堂号在我国也非常普遍，往往和各姓氏的郡望相关，也就是以郡号或地名作为堂号。如诸葛氏，系出葛伯，望于琅琊，发祥地是山东诸城，后世遍布全国各地的诸葛氏，绝大多数都世代沿用"琅琊"的堂名。

此外，如海氏的"薛郡堂"、陈氏的"颍川堂"、徐氏的"东海堂"、欧阳氏的"渤海堂",以及呼延氏的"太原堂"、林氏的"西河堂"等,都是以地望为堂号。

在我国,人们向来都有慎终追远的美德,以先世祖宗的嘉言懿行深感自豪,往往以此命名堂号,以望千古流芳。如弘农杨氏"四知堂""清白堂"就是以东汉太尉杨震的美德作为堂号。

据文献记载,杨震为东莱太守时,道经昌邑,县令王密深夜求见,以黄金10斤贿赂杨震。杨震严词拒绝说:"作为故人知交,我对您是了解的,而您怎么对我的人品不了解呢?"

■ 郭子仪像

王密说:"我深夜而来,无人知道这回事情。"

杨震回答说:"此事天知、神知、我知,子知,怎能说是无人知晓?"

王密只好羞愧而退。杨氏后代子孙为尊崇和怀念这位拒腐蚀,不受贿的先祖杨震,便以"四知堂","清白堂"为堂号。

而范氏"麦舟堂"则是来自北宋名臣范仲淹济危扶困的典故。有一次范仲淹遣子纯仁,至姑苏运麦,舟至丹阳,遇石曼卿无资葬亲,纯仁即以麦船相赠。纯仁回家后告知其父,深得范仲淹嘉许。故后世以此为典,以"麦舟堂"为堂号。

在中华民族的历史长河中,各个姓氏在不同历史

太尉 我国古代掌控军事的最高官员,是丞相、太尉、御史大夫的"三公"之一,负责治军领兵,是辅佐皇帝的最高武官,但不能直接指挥军队。太尉要负责评定全国武官的功绩高下,后来成为赏授功臣的赠官。

时期，都会涌现出一批功勋卓著，名垂青史的历史人物，后人往往以祖上的功业勋绩为堂号。

如东汉名将马援，战功卓著，名闻遐迩，"马革裹尸"便是脍炙人口的历史典故。后因功封"伏波将军"，马氏后人中有一支便以"伏波堂"为堂号。楚大夫屈原曾任三闾大夫，屈氏遂以"三闾堂"为堂号。

再如唐代宗时郭子仪，因平安史之乱，屡立战功，出将入相20余年，是维系李唐王朝的功勋大臣，被封为"汾阳王"。其后世子孙繁衍遍布各地，多以"汾阳堂"为堂号。海内外郭氏子孙，也多以"汾阳郭氏"为荣。

在我国古代的宗法社会中，各个家族常以传统的伦理道德规范为堂号，以劝诫训勉后代子孙。如李氏"敦伦堂"、张氏"百忍堂"、朱氏"格言堂"、任氏"五知堂"、刘氏"重德堂"、郑氏"务本堂"、周氏"忠信堂"、蔡氏"克慎堂"、许氏"居廉堂"等，都体现了传统的伦理道德观念。这种情况在各氏自立的堂号中，十分普遍。

范仲淹（989—1052），北宋著名的政治家、思想家、军事家、文学家、教育家，世称"范文正公"。1043年与富弼、韩琦等人参与"庆历新政"。提出了"明黜陟、抑侥幸、精贡举"等十项改革建议。历时仅一年。后因为遭反对，被贬为地方官，辗转于邓州、杭州、青州等地，后病逝于徐州，谥文正。著有《范文正公文集》。

047

命脉之根

姓氏渊源

■四知堂

■ 裴度画像

陶渊明（约365—427），浔阳柴桑人。东晋末期南朝宋初期诗人、文学家、辞赋家、散文家。曾做过几年小官，后因厌烦官场辞官回家，从此隐居，田园生活是陶渊明诗的主要题材，相关作品有《饮酒》《归园田居》《桃花源记》《五柳先生传》《归去来今辞》等。

如唐代郓州寿张人张公芝，九世同居，麟德年间唐高宗祭祀泰山，路过郓州，至其家，问何以能九世同居，安然相处。张公芝于纸上连书百余"忍"字，道出其中诀窍，全在于百事忍让。故堂号名之为"百忍堂"。

在社会发展的历程中，总会有一批文人学士，才气横溢，品格清高，深为世人所推重。其后代族人也引以为荣，于是，就会以祖上的情操雅量和高风亮节为堂号。

如宋代著名理学家周敦颐，品格高雅，酷爱莲花出淤泥而不染的清高品格，以所居之处为"爱莲堂"。其后人遂以此为堂号。

晋代陶渊明因不肯为五斗米折腰，遂辞官归里，赋"归去来辞"以明其志。因陶渊明号五柳先生，其后人以"五柳堂"为堂号。再如唐代大诗人李白，自号"青莲居士"，李氏族人中遂有"青莲堂"堂号。

古代人对祥符瑞兆十分重视，常认为是上天预示吉祥的征兆，往往以祥瑞吉兆为本族的堂号。如宋代王祐曾手植三槐于庭院，并预言说自己的子孙后代中必定会有人位居三公，在我国古代，百官朝会，三公对槐树而立，故以三槐象征三公。

后来，他的儿子王曰果然位列宰相，当政十余年，深为朝廷器重。其后人便以"三槐堂"为堂号，成为我国王姓中名人辈出的名门望族，与太原王氏、琅琊王氏并列为王氏三大支派。

明代腾冲卫寸庆是寸姓始祖，他在腾冲县城梦见城郊西南一地山清水秀，西南城郊荷花竞开，紫云在东方久久不散，并有紫光照在荷塘上。

寸庆约上刘姓始祖刘继宗去郊游，不经意间来到阳温暾村。其山之峙也如砺，其水之流也如带。且四时和煦之气，洋溢于郊圻，两人心甚慕之，不忍舍去。

当时的寸庆对久违的景色赞叹不已，说："是泱泱大邑风也。"此处可以卜居矣。

寸氏在和顺可谓人才辈出，寸开泰于1895年乙未科中进士。寸氏先后中举的有寸式玉、寸性安、寸辅清、寸禧谐、寸曜磐，中进士的有寸开泰。寸黯康熙末岁贡，寸秀升，嘉庆丙寅岁贡，寸亮卿廪生，寸品升。清光绪拔贡，寸时桢附生，寸尊文文生。其后人便以"紫照堂"为堂号。

为了表示对同姓先世名人的仰慕之情，各姓就以先世名人的厅堂居所为堂号。唐代大诗人白居易，晚年隐居洛阳香山，号香山居士，其后人便以"香山堂"为堂号。

香山堂

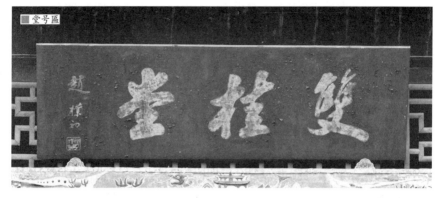

再如唐代宰相裴度，以宦官当权，时事已不可为，乃自请罢相，在洛阳午格创建别墅，起浩凉亭暑馆，植花木万株，绿荫如盖，名为"绿野堂"。裴氏一支遂有"绿野堂"的堂号。

一些名门望族，往往人才辈出，科第连绵，为世人所称羡，遂以家族中科举功名为堂号。如唐代泉州人林披，有子九人，俱官居刺史，门庭显赫，世人敬仰，这支林氏遂以"九牧堂"为其堂号。

再如宋人临湘人徐伟事迹至孝，隐居教授于龙潭山中，有子八人，后皆知名，时称"徐氏八龙"，后人即以"八龙堂"为其堂号。

以垂戒训勉后人的格言礼教为堂号的情况在各姓氏自立堂号中较为普遍。如"承志堂""务本堂""孝思堂""孝义堂""世耕堂""笃信堂""敦伦堂""克勤堂"等。

以良好祝愿为家族堂号的情况也较为常见。如"安乐堂""安庆堂""绍先堂""垂裕堂""启后堂"等。

以封爵、谥号或旌表褒奖为堂号为历代朝廷或地方政府封赏、恩赐、旌表而来。如"忠武堂""忠敏堂""节孝堂""孝义堂"等。

总之，堂号作为家族的徽号和别称，不仅有明显的地域特征和血缘内涵，而且带有浓厚的封建宗法色彩，既是对某一姓氏家族特色的高度概括，也是当时社会形态的反映。同样具有区分宗支族别，血缘亲疏的社会功能。它的产生、发展，多与修族谱、建宗祠、祭祀祖先、宗亲联谊活动同时进行。

堂号，本意是厅堂、居室的名称。堂号是家族门户的代称，是家族文化重要的组成部分。因古代同姓族人多聚族而居，往往数世同堂，或同一姓氏的支派、分房集中居住于某一处或相近数处庭堂、宅院之中，堂号就成为某一同族人的共同徽号。

同姓族人为祭祀供奉共同的祖先，在其宗祠、家庙的匾额上题写堂名，因而堂号也含有祠堂名号之含义，是表明一个家族源流世系，区分族属、支派的标记；是家族文化中用以弘扬祖德、敦宗睦族的符号标志；是寻根意识与祖先崇拜的体现。

所以，堂号和郡望一样，都是我国姓氏文化中特有的范畴。也是我国的人们在进行寻根问祖时不可不先熟悉的一个概念。

堂号不仅仅是用在祠堂，还多用在族谱、店铺、书斋及厅堂、礼簿等处。也有用在生活器具上的，如在斗、口袋、钱袋、灯笼等上面大书堂号，以标明姓氏及族别。

凡是看重自己的姓氏和族属的人，都不会忘记本族世代相传的堂号。不仅汉族，许多迁居内地的其他少数民族，如匈奴的呼延氏"太

■杜甫草堂

原堂"、回纥族的爱氏"西河堂"、蠕蠕族的苕氏"河内堂"等少数民族，内迁后接受了汉文化，也有以其繁衍地的郡名或祖上业绩之典故作堂号的。

这就是我们中国人的堂号，它具有深厚的文化内涵和实际意义。每个姓氏、每个宗族、每个家族，都有自己的堂号。堂号的历史悠久，应用广泛，在我国的宗法社会中有非常重大的意义和作用。

从功能上说，堂号的意义主要在于区别姓氏、区分宗派，劝善惩恶，教育族人。如果说，郡望是高一级别的宗族寻根标志，那么堂号就是比郡望堂低一级的宗族标志。

郡望往往可以作为堂号，但堂号却大都不能用作郡望。一个姓的堂号要比郡望多得多，一个姓的郡望只有数个多至数十个，但堂号往往有数百甚至上千个之多。郡望在宋代以后就开始走向统一和固定，但堂号却随着宗族的发展，一个直在不断地增加。

堂号是宗法社会的产物，在传统宗法社会中，它对于敦宗睦族，弘扬孝道，启迪后人，催人向上，维护家庭、宗族和整个社会的稳定，都具有十分重大的作用。

阅读链接

在我国的古代，一些名人，如诸葛亮、关羽、张飞、秦琼、魏征、李白、杜甫、白居易、韩世忠、刘伯温、徐达之类的文臣武将常被人"请"去作祖先。

明代某地，朱、项两姓祠常毗邻。朱姓祠堂挂出对联云："一朝天子，历代为儒宗"，意思是皇帝姓朱，是天下万民之主，朱熹又是大儒，字里行间有小看项姓之意。

项氏祠常也针锋相对地贴出了一副对联："曾烹天子父，也做圣人师"，上联用项羽在广武山与刘邦对峙时曾欲烹刘邦之父的典故，下联取项橐曾为孔子师的传说，比朱姓气焰更高。

取名历史

　　在我国的历史长河中，姓名的历史是一部进化史，伴随着人类在不同历史时期，科技与文明的不断进步，首先是人的姓氏走向从名而彰显人美好人生的健全体系。

　　在这一体系的完美出落与成长中，不同历史时代的风格、特点与密切结合中华历史文化的姓名表现规律，呈现出我国姓名循结美好吉祥的命取礼仪、定法，形成我国姓名文化中光彩夺目的呈现，从而对东亚各国汉语言文化圈中的姓名文化发展产生深远的影响。

社会交际的需要而产生名

大禹与塗山氏雕塑

传说历史上的夏王朝大禹时代，洪水泛滥，许多田地房舍被淹没了，龙蛇鱼鳖都在洪水中浮沉着。

在这个时候只有塗山氏的一个姑娘骑在巨龙的背上没有淹没，她漂呀漂呀，漂到一山丘上，四周都是洪水，只有山丘上的薏苡草一片碧绿，成串的红色的果实在绿色的叶丛中闪烁着，煞是好看。

姑娘便随手摘了薏苡果玩着。因肚子饥饿，她把

薏苡果放进嘴里，又甜又香，肚子立刻已无饥饿的感觉。后来洪水退了，这姑娘感到肚子里阵阵震动，正像怀了孩子一样。十个月以后，她便生了个男孩，取名为启。

■原始人生活场景

远古人类的主要生活内容是如何通过自卫来保护自己，以采集狩猎来维持生命。因此，那时人们还不需要用姓名来区分彼此。

斗转星移，随着人类社会的不断进步和人口的增多，人际之间的交往日渐密切，这样一来，人们不得不用一种标志把彼此区分开来。因此，便出现了某一群人共有的标志，亦即我们在前面所介绍的"姓"。

那么，在这一群人中间，也就是拥有同一个"姓"的一伙人中，彼此之间又该如何区分呢？于是，便又出现了每个人与其他人区分的只属于自己的标志，那就是名。

说起"名"的起源，从汉字"名"的本身去推知也能得到其最早的含义。"名"字是由"夕"和

涂山氏 大禹之妻，传说为九尾狐狸精。我国上古神话中，夏族的始祖神为涂山氏，夏族就是日后建立我国第一个王朝夏的一个部落集团。

龙 我国古代的神话与传说中，龙是一种善变化能兴云雨利万物的神异动物，为鳞虫之长。封建时代，龙是帝王的象征，也用来指至高的权力和帝王的东西：龙种、龙颜、龙廷、龙袍、龙宫等。龙与凤凰、麒麟、龟一起并称"四瑞兽"。

万姓之根

姓氏与名字号及称谓

■《说文解字》

《说文解字》
简称《说文》。作者是东汉的经学家、文字学家许慎。《说文解字》成书于100年至121年。该书是我国第一部按部首编排的字典。

共工 我国古代神话中掌控洪水的水神，与驩兜、三苗、鲧同为四大凶神，性格冲动暴躁，是个胆壮气粗却脾气耿直的神灵。传说共工曾撞断了用来给天地之间作支柱的不周山，震得天空的日月星辰都变了位置，大地上的河流都改了走向。

"口"两部分组成的，对此，《说文解字》有这样的解释：

> 名，自命也，从口、从夕。夕者，冥也，冥不相见，故以口自名。

意思是说，在早期的社会交往中，人们白天相见，可以通过形体、面貌、声音相互识别。然而一旦到了晚上，彼此看不清楚，就只能通过自报名字来区分你我了。

人名产生是社会交际需要，它的最本质的作用，就是在社会交往的所有场合都可以区别人的个体。

人类最早的名，远没有后来的名字那样固定。人们在"以口自名"时，可以用自己身上的某些特征来作为自己的名字，这种以某些特征定义的名字，往往会随着环境和时间的变化而变化，而且带有强烈的历史文化与民俗传承特征。

名的出现是私有制经济出现后的必然产物。在远古时代，天下为公，一个部落一个名号，黄帝、炎帝、共工、蚩尤等，这些都是部落的名称。

人名体现了浓郁的时代哲学意味，并构成了不同时期个性鲜明的起名特质，在中国人的姓名人文演进中，完成其体系完善、吉祥元素具备的姓名氛围，使得拥有一个固定的名字，经历了一个相当漫长的过程。

早在人类的远古时代，我们的祖先过着群居的原始生活。他们生活在十分原始、荒蛮的年月，还不需要姓名来区分彼此。

远古人类在社会交往中，无论哪一群人，在自己内部只用"名"便可以彼此区分，若与另一群人交往，仅仅称"名"便不足以表明自己的身份，他只有把自己所在人群的标志"姓"与自己的标志"名"结合在一起，才能充分地表达自己。这种一群人的标志和个体标志的结合，便是人类最早的姓名。

在文字出现以后，原由口头表达的人名也进化到文字阶段。在目前已经发现的一些原始社会的陶器中，上面都刻画有一两个符号，据

■ 原始人生活场景

甲骨卜辞

专家考证，这些符号都与早期的人名有关。

如果这种解释可信的话，那么，不同的人名就是我国最早的文字。到了商周时期，我国的文字大量出现并趋向于定型，其中的很大一部分也是人名。

在商代的甲骨卜辞中，不仅有"名"这个汉字，而且还有示壬、中丁、外丙、小乙等人名。这些，都是我国最早见于文字记载的名字。

总之，人名是在人类社会处于原始时期而出现的一种文化现象，它的起源和发展经历了一个由不完善到完善的过程。

最早，人名是人们随意用来区分彼此的符号，以后又演变成为固定身份的标志，在文字出现以后又以文字形式记载下来。

从人名产生的那一天起，就已显示了强大的生命力，随着名字本身的不断发展和完善，名字也越来越成为人类社会中不可缺少的东西。

万姓之根

姓氏与名字号及称谓

阅读链接

山氏是我国姓源久远的一个姓，这个姓氏，至少也有3000年的历史，是古代烈山氏的后代，望族出于河内，此支山姓奉烈山为山姓的得姓始祖。

春秋时楚国有个高官叫叔山冉，他的后代以他名字中的"山"字为姓，世代相传。叔山冉的后代中也有以"冉"为姓的，所以叔山姓和冉姓，有同一个始祖。此支山姓恭叔山冉为山姓的得姓始祖。

商代人用天干地支来命名

在上古时候，人名一般都很朴实。现在所看见最早的名，是商代人名。当时习惯是崇尚以天干为名，即甲乙丙丁戊己庚辛壬癸10个天干命名。相传古代有10个太阳，名字分别叫甲、乙、丙、丁、戊、己、庚、辛、壬、癸。每天有一个太阳照临人间，10天称为一旬。这10个太阳名字就是"十干"，也叫"天干"。

有时也以其生日干支来命名。如夏商两代留下的人名，有孔甲、履癸、外丙、雍己、盘庚、武丁、小辛等，都以干支为人名，这与当时的人重视时辰的观念有关。

后来人们在河南安阳

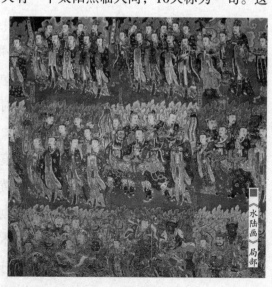

《水陆画》局部

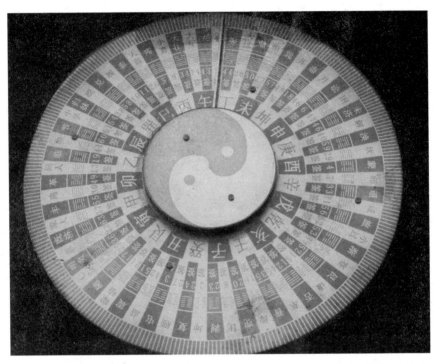

■ 干支八卦图

发现了青铜器国宝后母戊鼎。人们还在后母戊鼎的腹内壁上，发现铸有字体笔势雄健，形体丰腴的"后母戊"3字。

看到这座稀世珍宝郭沫若先生根据"后母戊"三字，认为这座大鼎是商王祭祀母亲"戊"的一件祭物。

"戊"是我国天干地支文化中的一个指代，产生炎黄时期，而出土于殷商时期的后母戊鼎，商王母亲以"戊"为名字，以实证直观的实物，让我们看到殷商时期以干支命名的历史痕迹。

说到干支，不能不说黄帝，我国的"干支"文化是在他建国之际命大挠氏创造的。相传，大挠氏探察天地之气机，探究五行金木水火土，始作干支，相互配合成60甲子用为纪历之符号。

后母戊鼎 腹内壁铸有"后母戊"三字。字体笔势雄健，形体丰腴，笔画的起止多显峰露芒，间用肥笔。该鼎是商王为祭祀其母"戊"而作，造型厚重典雅，气势恢宏，纹饰美观，铸造工艺高超，是我国已发现最大的商代青铜礼器。

"干支"取义于树木的"干枝"。天干地支简称"干支"。后来的天干地支纪年，是以立春作为一年的开始。

《五行大义》中详细记载大挠创制干支经过。

> 采五行之情，占斗机所建，始作甲乙以名日，谓之干，作子丑以名月，谓之枝。有事于天则用日，有事于地则用月。阴阳之别，故有枝干名也。

殷商时代，帝王的名字差不多都包含着天干10字中的一字。成汤之前的报丁、报乙、报丙、主壬、主癸等，他们虽然没有称王，但在名字上已经有了很好的天干次序排列。

成汤，名天乙，而他称王后，商朝历代的王，都有干支排列的序贯，也一直是采用的天干的排列，直道最后一个帝王辛。

殷商干支命名的风气，不仅在国王身上有体现，在举国的广大臣民间，也多用天干命名。

我国现存最早的史书《尚书·高宗肜日》中记载

青铜器 是由青铜合金制成的器具，而我国历史文献中的青铜器多指体现夏、商工艺与社会文明为标志的各类青铜器物，也指后世以这一时期工艺型类相追摹而生产的仿品。

■后母戊鼎

■ 用来命名的十二地支

金石学 我国考古学的前身。它是以古代青铜器和石刻碑碣为主要研究对象的一门学科，偏重于著录和考证文字资料，以达到证经补史的目的，特别是其上的文字铭刻及拓片。广义上还包括竹简、甲骨、玉器、砖瓦、封泥、兵符、明器等一般文物。

到祖己武丁讲过一篇大道理。讲者和听者两个人，名字都有天干之字，即"己"和"丁"。武丁是商王，而祖己不是，也用天干为名。

后来挖掘的殷商的青铜器上的铭文，也有很多用天干命名的人名，后来的金石学家就用这人名作为器物的主名，如父辛鼎、父癸彝、父丁爵、庚斛、弓父庚卣、豕形父已爵、虎父丁爵、龟父丙鼎民等。

地支被用来命名的不多见，但在这一时期的甲骨卜辞中出现过，占卜人物有名"午"和"卯"的。看来在当时用天干命名比用地支普遍得多。

商代为什么会出现用天干命名的呢？古今学者议论纷纭，有主以生日为名的，有主以死日为名的，有主以庙主为名的，莫衷一是。

汉代的《白虎通·姓名》认为："殷以生日名子何？殷家质，故直以生日名子也。"还论述了天干与"质"的联系，说："何以用甲乙为名，……不以子丑何？曰：甲乙者，干也；子丑者，枝也。干为本，本质，故以甲乙为名也。"

由此可见，汉代人认为殷人是以生日命名的，而晋代皇甫谧在《史记》索引中也指出，殷商有以生日的天干命名的习惯。

殷商用天干命名反映了殷人以天干命名是不尚文饰质朴的人生认识观，纪日的天干就像树干一样，传达出殷商时代民众真率、素朴的形象。

殷帝王的命名必用天干，在当时还是一种制度，殷商时代的贵族，实属于帝王的嫡系子孙，不论是兄弟相及，或父子相承，凡具有帝位继承人资格的，必以天干为名，庶系则不取天干，以示分别。

干支在商代卜辞中用来纪日，已运用到十分纯熟的地步。但远未到后来历史上称为童蒙习知的人生基本常识的地步。此时的干支文化，还远远未推广到普及的地步，那时还基本上为当时的社会贵族独占。

那是因为民众对此还不了解，所以那时的"天干"在人名当中的运用，多以10天干来表达社会上流阶层的好尚，这是殷商王室贵族的文化素养使然，而且也与殷代爱好奢华，崇尚藻饰的精神分不开。

殷商时期，民众崇尚干支起名，还反映出这种帝王及储君用天干为名的独享制度处在"臣民不禁"之时，因此，这让臣民中也有用天干、地支命名的。

■皇甫谧画像

上述臣民以生日所在对应干支的命名的情形，还形成殷商民众的习俗。风气之下，或以完整的干支如丙子、丁丑等起名，或单独以天干命名，让殷商时代的殷民族上下群相仿效。

夏商时代的王室和贵族阶级崇拜太阳神，自视为太阳神的后裔。帝王即位，宣称是太阳光照人间，君临天下，主宰沉浮。用日名取作帝王名，正是这种思想的反映。

据《史记·夏本纪》记载，夏朝中的帝王有取名为太康、仲康、少康的。陈梦家《殷虚卜辞综述》认为即大庚、仲庚、少庚，系日名无疑。夏史中的帝王以10天干为名的还有孔甲、胤甲、履癸。履癸即夏桀。

商王全系日名，从大乙汤到帝辛纣31王均以10天干取名。"商家生子以日为名"，以10日一旬作为记时的主要单元。商王出生的这一天，被视为10天干中在这一天值日的太阳神降临人间，如果是在甲日生的，就取以甲名，乙日生取以乙名。

但如果又有一个甲日生的商王出世，就认为这是太阳神再次光临人间，为了加以区别，就在日名前面加上"太"，"仲""少"等字。夏商以10天干命名，明显地反映了我国先民的太阳神信仰。

阅读链接

相传当年晋成公出生的时候，他的母亲梦见神灵以墨涂抹孩子的臀部，并预言这孩子长大会成为晋国的君主，于是，这个孩子被命名为黑臀，而这黑臀竟也成了神圣与权力的标志。

以胎记命名的名字，在春秋时并不仅黑臀而已，如卫国有黑背，楚国有黑肩，此外还有黑肱，甚至还有叫黑卵的，可见春秋时的人们取名并不避粗鄙。

历代的名呈现不同特点

古人非常重视命名，在婴儿生下3个月后，由其母或保姆抱见其父，其父握着婴儿的右手，给孩子取名。这大概是从前医疗卫生条件差，出生满三月，确定能存活，长辈才给小孩正式取名。

名是幼时在家供亲人称呼之用，通常称"小名"，或叫"乳名""奶名"。先秦之时，人名不忌雅俗。例如：晋成公名黑臀，鲁成公名黑肱，齐桓公名小白。郑庄公名"寤生"，则是他母亲难产的纪实。可见，古时有些名字还是很朴素的，具有写实特征。

在上古的时期，取名

■命名祈祥

■ 秦始皇画像

大夫 古代官名，在西周时设立。大夫是世袭制官职，有封地，可分为御史大夫、有谏大夫、中大夫、光禄大夫等。隋唐以后以大夫为高级官阶之称号。清代高级文职官阶称"大夫"，武职则称"将军"。

用字浅白直露，不尚文饰。秦始皇生于正月初一，故取名"政"，古代"政"与正月的"正"通用。

周代以后，对命名有所讲究。取名时，要对其所包容的内涵慎重考虑，反复斟酌。

公元前705年，鲁桓公问命名应遵守的礼节时，大夫申儒提出命名的5个原则："名有五：有信、有义、有象、有假、有类。"意思是说，根据其出身特点，从追慕祥瑞、托物喻志、褒扬德行、寄托父辈期望等几个方面，比照取名。

到战国时，很多贵族通过占卜，来给自己的儿子命名。如屈原说："皇揽揆余初度兮，肇锡余以嘉名。名余曰正则兮，字余曰灵均。""正则"就是"平"的意思；"灵均"就是"原"的意思。

这句话是说，我父亲在我初生之时，对我仔细地端详观看、揆度占卜，给我起了个好名，叫做"平"，字叫做"原"。

随着儒学的兴起，对起名的讲究越来越复杂。成书于战国年间的《周礼》中，对命名除了要注意5条准则之外，还规定了"六不"，即不以国、不以官、不以山川、不以隐疾、不以畜生、不以器币为名。还对一些寓含王霸意义的字眼，如龙、天、君、王、帝、上、圣、皇等字禁止使用。有些朝代则不禁。

周秦两汉单名多于双名，有些双名也是单名。如：介之推，宫之奇，烛之武，佚之狐。这里的"之"是文言虚字，没有实际意义。

还有"不"字，如：申不害，萧不疑，赵不倦，汉代程不识，不危、不惑等皆如此。王莽时，"令中国不得有二名"，《春秋》"讥二名"，《公羊传》道："二名非礼也。"这可能就是为什么单名多于双名的原因。

东汉以后，尤其是两晋南北朝，佛道盛行，一时间佛名盛行。如金刚、力士、文殊、目连、药王、般若、三宝等名，随处可见，以带佛气。僧、佛、摩、梵、昙，直取佛名的也很多。

魏晋以后，一代代的学风、思潮、单从命名方面即能看出一些。如魏晋南北朝人自命清高，玄学盛行，起名讲究高雅。如盛行以"之"命名，如王羲之、子献之，孙静之、桢之。画家顾恺之，将军刘牢之，科学家祖冲之，史学家裴松之，文学家颜延之，杨衒之等。

唐代人追求雅，以文、德、儒、元、雅、士等字命名很流行。唐宋时，道炽一时，僧也极红。以金、木、水、火、土五行命名成了时尚。

唐代人名字多喜标排行。如诗人李商隐称"李十六"、刘禹

■ 屈原画像

僧 梵语"僧伽"的简称，意译为"和合众"，指信奉佛陀教义，修行佛陀教法的出家人，亦指奉行"六和敬"，"和合共住"僧团。它的字义是"大众"。僧伽是出家佛教徒的团体，至少要有四个人以上才能组成僧伽。所以一个人不能称僧伽，只能称僧人。

锡称"刘十九"。在杜甫的《草堂诗笺》中可见张十三建封、卫八处士、唐十八使君等排行称谓。当时的排行包括远房兄弟在内。

宋代人崇尚黄老之学，在文人中多以某某老、某某、某某翁为名，清代文学家赵翼存《陔余丛考》中，列举名为胡唐老、刘唐老、孟元老、陈朝老的就有19例。

辽金元代人名多用"奴""哥"等字。如辽景帝的儿子名耶律药师奴，元宪宗本名蒙哥。这些可能和少数民族的特点有一定的关系。

宋代以后，尤其明清时期，字辈谱命名法最盛行。后来，从农村族谱中可看出这一现象。其字当然是些寓意吉利的字，如文武，富贵、昭庆、德祥、龙凤、昌盛等。明清时期以族谱命名为特征，影响很大。

清代满族贵族喜欢用安、福、永、泰、保全、常荣、桂祥等吉利字命名。此外，古代人还多用君字起名。"君"意为君子，古时奉行儒家文化，尊崇君子。如果被人称为君子，那在当时的社会是有很高地位的。

以君为名，是寄予后辈为人君子的期望，希望后辈能气质儒雅，品格高尚，能有个比较高的社会地位和很好的发展。而称人为君，是对人恭敬尊重的表现。

阅读链接

在原始氏族时期，人们与外族的交往表现常常以整个部落的形象来展现，突出个性意识的求偶活动还没有走出氏族之外，加之当时的生产力极端低下，不会有每个人自己占据或拥有生产、生活资料，名字产生的可能性极小。

当人类走向族外婚时代，生产力虽然没有多少发展，然而对于异性的吸引以及男女之间的选择，促进了个体意识的发生，于是给自己命名便成为原始先民的生存必要了。

讲究义理内涵的古人起名

在我国的古代，人们在为其子女取名的时候，在义、理方面都颇有讲究。名字不单要树志，还要起到鼓励、规范或警醒其性格修养的作用。宋朝爱国名将岳飞，名飞，号鹏举。据说岳飞刚刚生下来的时候，恰巧有一只大鹏鸟从岳家屋顶飞过，父母就给他起了一个单名叫飞，字鹏举，意为鹏程万里，远举高飞，寄托了父母的希望。

古代名将——岳飞

古代名将岳飞画像

还有宋朝的文学家苏轼、苏辙兄弟，其名也很有讲究。苏轼字子瞻，自号东坡居士；苏辙，字子由，自号颍滨遗老。

从苏轼、苏辙兄弟的名字中，可以看出，他们名字都与车有关系。苏轼名字中的"轼"，本义是指设在车厢前面供人凭倚的横木。《说文》中解释道：

> 轼，车前也。

苏轼的字"子瞻"，则源于《左传·庄公十年》"登轼而望之"中的"望"，比较符合苏轼少年时踌躇满志的张扬作风。

而苏辙名字中的"辙"，本义是指车迹，是车轮碾过的痕迹。苏辙的字"子由"，则带有仿效、依循的意思，就是跟着别人走。在为人处世方面，苏辙比之哥哥苏轼而言，要内敛得多。

苏洵为什么要给两个儿子起这样的名字呢？这还要从1046年苏洵赴京赶考说起。尽管苏洵的才学可以做帝王的老师，但是最终还是落榜了。苏洵由此对科举、朝廷失去了信心，转而把希望寄托在两个儿子的身上。

第二年返乡后，苏洵写了一篇寄寓深重的《名二子说》。当时，苏轼11岁，苏辙8岁。苏洵虽然对两个孩子寄予很大希望，但又对他们的生活道路充满忧虑。

苏轼个性张扬、豪放不羁，而苏辙的性格则相对内敛。苏洵对两个儿子的脾性秉性非常了解，为了劝诫与勉励儿子，他在

■ 苏轼（1037—1101），北宋文学家、书画家。字子瞻，号东坡居士。一生仕途坎坷，学识渊博，天资极高，诗文书画皆精。其文汪洋恣肆，明白畅达，与欧阳修并称欧苏，为我国古代"唐宋八大家"之一。与父苏洵、弟苏辙合称"三苏"。其诗题材广阔，清新豪健，善用夸张比喻，独具风格，与黄庭坚并称"苏黄"。词开豪放一派，与辛弃疾并称"苏辛"。又工书画。有《东坡七集》《东坡易传》《东坡乐府》等。

《名二子说》中，阐释了
为二子命名的深意。

苏洵说，车轮、车
辐、车盖、车轸，对于一
辆车来说各有用途，缺一
不可，而车轼则似乎是作
用不大，可有可无，但一
辆车如果缺了"轼"，也
就不称其为完车了。

由于这根横木有些过于张扬显露，所以苏洵在给
苏轼取这个名字时，说"吾惧汝之不外饰也"，反映
了当时苏洵矛盾的心理。他既希望儿子的个性能充
分发挥，又担心他过于张扬而遭人嫉妒。于是，他又
给苏轼起了个字，叫做"子瞻"，意思是让他瞻前顾
后，谨慎小心。

对于另一个儿子苏辙，苏洵则相对比较放心一
些。取名为"辙"，字"子由"，意思是让他跟着别
人走。虽然"辙"不像"轼"那样引人注目，却也不
易遭人嫉恨。

苏辙的一生，做到了谨小慎微，游离于改革派与
保守派之间。在激烈的政治斗争中，虽然也屡遭贬
斥，但终能免祸。尽管不像哥哥苏轼那样光彩夺目，
却也比哥哥少了许多磨难。

后来，苏辙在颍川定居，过起了田园隐逸生活，
筑室曰"遗老斋"，自号"颍滨遗老"，以读书著
述、默坐参禅为事，有一个较为宁适的晚年。

苏洵发愤读书图

《名二子说》
本文为"唐宋八
大家"之一的苏
洵所作，书中明
确说出了两个儿
子苏轼、苏辙命
名的缘由，并表
达了对儿子的期
望与祝愿。

科举 科举制度是
我国古代读书人
参加人才选拔考
试的制度。为历
代封建王朝通过
考试选拔官吏的
一种制度。由于
采用分科取士的
办法，所以叫做
"科举"。

五代时，因《尚书·太甲上》有"旁求俊彦"，《伪孔传》有"美士曰彦"。因此，据正史载，五代共有80多人以"彦"字命名。

元代人以取蒙文名为时尚。元代末期，张士诚原名九四，士诚之名乃一文人所取，是在取笑他，他还不知。典出《孟子》"士，诚小人也"之句。

自古以来，人们就非常重视取名。古代贤哲尹文子说过："形以定名，名以定事，事以验名。"意思是说，观察辨别事物、人物必先定名，而后才可以成事。荀子也曾说：

> 名有固善，径易而不拂，谓之善名。

意思：名有完善之名，平易好懂而不被人误解之名，可以说是好名。

随着社会的前进，语言文字的发展，意识观念的加强，人名越来越复杂，给人起名也成了一门学问。为了起一个好名，父母们总要翻开厚厚的辞海、辞源，搜肠刮肚，绞尽脑汁，试图为自己的孩子起个好名字。正如后人所形容的"一名之立，旬月踟蹰。"一样。在一定的社会环境下，名字甚至可以决定人的前途和命运。

1868年，时逢全国科举考试，江苏考生王国钧名列前茅，荣幸参加了殿试。他本为一等，因为慈禧太后见他的名字与"亡国君"谐

刘春霖老照片

音，大为不满，马上下旨降为殿试三等。

王国钧被发往安徽任知县，又被议改任教职，在山阳县任教官20年，才以才干卓著，被选任云南某县令，未上任便去世了。

1904年，直隶人刘春霖参加科考名列进士三甲末等，因其名"春霖"有春雨之意，再加其姓与"留"谐音，很受慈禧太后的青睐。她认为此人名字吉祥，符合自己恩泽永垂的心境，便下旨将刘春霖提为甲等第一，成为清代的最后一名状元。

■苏辙画像

立信有名 取名历史

阅读链接

好名字内在的义理，在一定的社会环境下，可以决定人的前途，也能够影响一个人命运。这在我国历史上有许多真实发生的故事。

明代永乐年间举行殿试，考官选定的第一名叫孙日恭。皇帝看到这个名字后，立刻产生了反感，因为"日恭"上下摆在一起与"暴"字相像，"暴"给人的印象显然不好。于是皇帝就免去他的第一名，而把第二名邢宽定为第一。

清代之际，应试学子仅靠名字沾光的不少，乾隆末年，清高宗年事已高，取阅殿试的10本卷子，看到最末一名叫胡长龄，龙颜大悦，说："胡人乃长龄耶？"就把此人点为状元。乾隆皇帝大概觉得这个名字是个好兆头，预示他这个满族人能长寿，所以赶紧把胡长龄点了状元。

逐渐形成制度的命名礼仪

西周时期，姬旦制礼，要求人们给下一代命名的形式，包括日期选择、参酌条件、遵循格式及宣示申报等，开始形成一整套制度，并作为人生礼仪的最重要环节之一。

■周公制礼

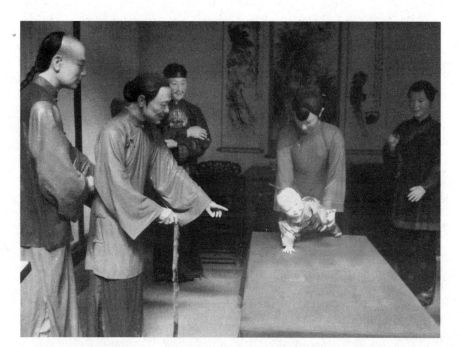

■ 命名礼

对于我国古代的人们来讲，人须命名的意义远远不止是一个标识的作用。名非但是个体的称呼，也属于家族。

据《礼记·内则》可知，古代命名礼仪是一个复杂但却颇有条理的过程。孩子出生后3个月内，父亲是不能入产房的，只能经常使人慰问，以表对妻儿的关心。

待3个月后，命名礼择日举行，家族中有头面的妇女，如祖母、伯母、叔母等，以及父亲已为孩子请好的老师或保姆都来参加。当日，母亲先行沐浴更衣，孩子也剪去胎发，并留一部分挽一对角儿。

礼仪开始时，母亲抱子女出房，当楣东立。辈分最尊的妇人先看婴儿，并喊着婴儿母亲的姓氏说："某某氏，今天要让孩子拜见父亲了。"

《礼记》 我国古代一部重要的典章制度书籍，儒家经典著作之一。该书编定是西汉戴圣对秦汉以前各种礼仪著作加以辑录，编纂而成，共49篇。《礼记》大约是战国末年或秦汉之际儒家学者托名孔子答问的著作。

■命名礼

当父亲的应答道："我一定要好好教养他，使他守礼循善。"然后，父亲走上前去，握过小孩的右手，给其以慈爱的笑容并逗戏。

百日左右的小孩，往往会以嬉笑咿哑和手舞足蹈相回报，从而给庄重的礼仪增添了融洽欢乐的喜庆气氛。

随后，最关键的程序开始了。做父亲的根据孩子的出生时日、体形面貌等各种条件，进行综合参酌，当场宣布给孩子命名。当然，也有事先拟定的。

说出命名后，母亲立刻应答，一定谨记夫言，教儿成德。然后，她把孩子交给家丁。对方抱过婴儿后，即依尊卑长幼的顺序，把小孩刚获得的名——向参加礼仪者宣告。祝贺声中，人之初，"名"得立。

命名礼的尾声，是告祖先告宰闾，这两道程序都由父亲来完成。告祖先，使新生儿之名获得家族内部的认可。告宰闾则为存档，其式为"某年某月某日某生"，由"闾史书为二，其一藏诸闾府，其一献诸州史"。

从此，如不发生更名情况，命名礼上所给予的这一名称，将伴随担当者终生乃至永远。在其有生之日，它的表现方式，如名帖、印章、证件等，有时竟比其本身更具有证明效验。

西周时期的命名制度，大致奠定了汉民族2000年间给下一代命名礼仪的基本模式，同时也给其他民族以不同程度的影响。

在漫长的历史岁月中，命名礼仪又有嬗替，有些具体细节也发生了变化。比如命名的时间，便有三朝命名、满月命名、百日命名、周岁命名、发蒙命名等许多形式。

此外，很多少数民族的命名礼也都极有特色。生活在广西三江的侗族，把婴儿的命名礼称为"三朝酒"。通常在孩子出生第三日举行，来参加的亲友以外家为主，传抱婴儿后，由男家青年以歌邀请婴儿姨妈给取名，姨妈也用唱歌作答，孩子的名儿就在歌声中确定，然后大家轮唱祝歌。

云南布朗族为婴儿取名要用8颗稻谷占卜。命名仪式上，主持人把握在手中的稻谷向上抛起，如落下

■ 命名礼上表演舞蹈的妇女

阿訇 是波斯语，意为老师或学者。回族穆斯林对主持清真寺宗教事务人员的称呼。一般分为"开学阿訇和散班阿訇"两种，前者是指全面执掌清真寺教务工作的穆斯林，亦称为正任阿訇。后者是指只具备阿訇职称，而未被聘请为正任阿訇的穆斯林。

■ 祭祀活动

成4对则为吉利，马上命名。否则重抛，直至成4对止，颇与古人取名讲究择时同义。

海南岛上黎族的"格碰"，即取名均在婴儿满月后举行，要请道公先杀鸡祭鬼，诵念宗族家谱，给婴儿手脚系"平安线"，然后再取名。

西藏珞巴族为婴儿取名的仪式叫"蒙纠责"。"蒙纠"意为"银子"，"责"意为"送"或"给"，意思是把珍贵如银的名儿送给婴儿。

珞巴族的名均由母亲取定，男孩生下后5天取名，女孩生下后6天取名。事先家人须准备一只叫声好听、名为"布各"鸟的鸟嘴，母亲则准备一批备用名。

"蒙纠责"仪式开始后，母亲一边用鸟嘴在婴儿嘴上转圈，一边默念各种备用名，当默念到某个名儿而婴儿表现出高兴姿态时，即命其此名。

■祭祀活动

　　还有一些少数民族的命名仪式，要请宗教人士指导。如西藏高原上的"名顿"，藏语意为"命名礼"，一般在婴儿满周岁时举行，要布施，要占卜，最后给孩子命名的是喇嘛。

　　新疆塔塔尔族的命名礼音译"阿特克依许"，在孩子出生三天后举行，由阿訇在小孩耳边唤三次所命名儿。再如甘肃裕固族、东乡族、和青海回族，也都有请宗教人士给婴儿命名的习俗。

阅读链接

　　清代光绪年间，云贵地区开科考试，滇贵学子云集，开考过后，学子们翘首以盼，以图考得好功名。

　　但是，参加过这次考试的李哲明、刘彭年、张星吉、于齐庆4人，怎么也都不会想到，他们的录取仅仅是因为名字里的字能够合成"明年吉庆"而如愿以偿。

　　事实上，他们当中没有一人的成绩达到本次科考的前五名，但他们的名字在家国天下乱成一团的当时却让孝钦皇后眼睛一亮，于是她挥笔特圈定4人入围，以应大清天下"明年吉庆"的兆头。

民间普遍存在的取名方法

宋代大名士苏洵，曾为其兄正名而专门写下一篇典范之作，题目是《仲兄字文甫说》。苏洵的仲兄名叫苏涣，字公群。苏洵读《易经》之后，认为仲兄之名字不妥，建议用"文甫"来取代"公群"。

■ 苏洵雕塑

苏洵奋读书

苏洵在文章中论述人生哲理，倾注了他的人生信念，是一篇笔力雄健的正名之作。

如果名字不正，言传则不顺，有时还会留下笑柄，贻笑大方。因此，取名要名正言顺，正如儒雅风流的苏东坡所说，"世间惟名实不可欺"。一个好名字，总蕴含着期望。

名是一个人最基本的称呼，是人类社会交往中代表个人的符号，它能使人顾名思义，把名字同一定的含义、形象联系在一起。

我国传统取名文化中，取名方法是遵循一定规律。宋代以后，尤其是在明清两代，字辈谱命名的方法最为盛行，其命名是些寓意吉利的字，如文武，富贵、昭庆、德祥、龙凤、昌盛等。

明清以族谱命名为特征，影响很大。1744年，乾隆为孔子后裔定了30个字：

■ 清朝乾隆皇帝朝服画像

希言公彦承，宏闻贞尚衍，

兴毓传继广，昭宪庆繁祥，

令德垂维佑，钦绍念显扬。

后来，孔令贴又在这30个字后，续了20个字：

建道敦安定，懋修肇益常，

裕文焕景瑞，永锡世绪昌。

辈分中的字，都是许多年前老祖宗确定好了的，

《易经》 我国古哲学书籍，也称"易经"，简称"易"。易的主要意思是变化，周易以高度抽象的六十四卦的形式表征普遍存在的关系中可能发生的各种各样的变化，并附以卦爻辞作简要说明。

■ 孔子讲学图

麒麟 也叫"骐麟"，雄性称麒，雌性称麟，是我国古籍中记载的一种动物，与凤、龟、龙共称为"四灵"，古人把麒麟当做仁兽、瑞兽，常用来比喻杰出的人。传说麒麟是神的坐骑，是吉祥神兽，代表着太平、长寿、聪慧和祥瑞。

只等传到这一辈人的时候，就启用这个字。一般作辈分的字都是一首诗，所有辈分字都在这一首诗里，连成一串，一来便于记忆，二来具有一定的含义。

有时候，单看某一辈分的字可能感觉不出来，但是如果联系上下好几代的辈分，就可以看出这些辈分字存在着相互衔接的关系。

如果这一首诗的辈分字被用完，那么家族就会召开大会，请年老的长辈们重新选定下面的辈分字诗。如果遇到这种情况，说明这个家族很久远了。能够把一首诗的辈分字用完，起码也要好几百年的时间。

在我国古代，乌龟、龙、凤、麒麟被誉为"四灵"，属于吉祥动物，常被用作人名。

唐代贞观年间，嗣楚王叫李灵龟。唐玄宗时期，有位歌唱家叫李龟年，诗圣杜甫还为他写过一首《江南逢李龟年》。白居易有个侄儿小名阿龟，很得白居易的疼爱。他在《弄龟罗》中写道：

有侄始六岁，字之为阿龟。

《弄龟罗》是唐代著名诗人白居易创作的一首五言古诗，白居易在诗中深刻的表达自己对于侄子白龟和女儿白罗的眷爱之情。

　　这种心理转变，反映出乌龟在民间风俗传承流变中，不同时代的地位与价值观，由此可看出取名用字与民间风俗的关系。

　　在民间，命名有许多习俗，如以节令命名的习俗、以地名命名的习俗、以称体重命名等。

　　在我国的很多地区有以节令为孩子命名的，根据孩子出生时的节令与花卉取名。如春花、春梅、春桃、春李、夏雨、秋实、秋雨、秋艳、冬晓、冬梅、腊梅等，这种命名方法常见于女孩子当中。

■白居易画像

　　有的为了纪念孩子的出生地，就以地名命名，如杭生、浙生、沪生、渝生、杭宁。也有从祖籍及出生地中，各取一字，缀联成名。如：张绍庆，祖籍浙江绍兴，出生在重庆，主要是以纪念为主。

　　有些夫妇膝下无子，通常就会从外地或外姓抱养一个孩子，在这类孩子的名字中通常会有一个"来"字，如来宝、来娇、来根、来发等。

　　我国还有取异性名字的习

■母子画

俗，当一对夫妇接连生儿子，或接连生女儿的时候，就将其中某个男孩取女孩名，当做女儿养育。或将某个女儿取个男孩名，当做男孩看待。这种情况在民间经常见到，前者取名如新妹、宝姬、秋月，后者取名如亚男、家骏、家雄等。

在《左传》中记载有长狄兄弟4人，名为侨如、焚如、荣如、简如，这就是按排行来命名的情况，兄弟双名，其上字或下一个字相同，叫排行。又如在《水浒传》中的阮小二、阮小五、阮小七兄弟也是这种命名的方法。

旧时，民间认为猪狗牛羊等牲畜是下贱的动物，因其下贱，故不被邪鬼注意，取作人名，孩子容易养大。如阿牛、小兔、小狗等。

另外有一类名字，是以孩子出生年份的生肖取名的。如小龙、家骏、玉兔、牛刚等，在农村较为常见。

唐宋时，道炽一时，僧也极红。以金、木、水、火、土五行命名成了时尚。如朱熹一家祖孙五代，朱熹，属火。父名松，属木。儿名属土。孙名钜、钩、鉴、铎，属金。曾孙名渊、泠、潜、济、浚、澄，属水。刚好是五行一个循环。

有些父母认为自己的孩子命薄，非有两姓以上的人共养才能成人。于是将孩子过继给异姓夫妇，再拜请他们为孩子另取新名。这类孩子的名字，往往为某姓的养子之意。如何养、周留根、张清苗、郑抱贤等。

此外，还有综合考虑命名的。如润土，就是节令加五行。在我国古代，女子有姓无名，在家只有小名、乳名，对外则称某某氏。给孩子取名是一种文化，名字的构成因时代不同而不同。

在我们国家，起名字是非常有讲究的。有的子女从父姓，也有子女从母姓的，有乳名、学名、别名、字、号之分，亦有雅称、昵称、贱称之别。一些少数民族还有父子连名、母子连名的习俗。

当然，要取好名，首先要名正，名正才能言顺。有了正名的意识，便可以取好名。何谓好名？那就是名字作为社会交往的工具，要接受社会实践的检验。名字不仅仅是自我评价问题，还有一个他人审美、社会评价的问题。

根植于我国优秀传统文化的名称，符合我们中国人的心理需求，是审美情趣与民族认同的反映。因此，取名应力求做到人如其名，名以正人。

阅读链接

相传那是在清代光绪年间，1904年参加殿试的人们当中，据说原拟状元是广东人朱汝珍，可慈禧太后一看状元榜上的名字就恼了。

有人说是因为朱汝珍的名字里这个"珍"字，令她联想到珍妃，再加上"朱"是明王朝国姓，何况朱汝珍是广东人，更使慈禧想起太平天国洪秀全、维新变法的康有为和梁启超、革命党领袖孙中山等人。

于是，慈禧就将朱汝珍一笔勾掉，换上本是第五名的刘春霖。因这时恰逢大旱，最盼"春风化雨、普降甘霖"，可见起名字也是一种学问和运气了。

讲究意蕴深远的取名文化

三国时期，魏国末期的大文学家、音乐家嵇康，字叔夜。与阮籍等竹林名士共倡玄学新风，主张"越名教而任自然""审贵贱而通物情"，为"竹林七贤"的精神领袖。从他的名、字来看，都出自《诗经·周颂》中的：

成王不敢康，夙夜基命宥密。

其中的"叔"为排行。在我国，一直都有取经摘典取名字的方法，自古以来，一直都被人们传承并使用着。甚至有这样的传统说法：

> 男必楚辞，女必诗经；
> 文必论语，武必周易。

历代的人们对取名字号，都要很费一些心思，以表自身的品性和志趣。取名是我国的国粹之一，古人道：

> 赐子千金，不如教子一艺；教子一艺，
> 不如赐子佳名。

在取名文化中，蕴含着丰富的哲学思想和高深的文学素养。古人取名，常着意于名字的道德意蕴和审美意境，取字往往有出处，渊源于诸子典籍和诗词名篇的情况有很多。

唐代诗人孟浩然的名字，出自《孟子·公孙丑》

《诗经》我国汉族文学史上最早的诗歌总集，先秦称为《诗》，共305首，取其整数称《诗三百》。《诗经》共收录了公元前11世纪至公元前6世纪大约500多年的诗歌，还有6篇有题目无内容，即有目无辞，称为"笙诗"。

■竹林七贤

中的"吾善养吾浩然之气"。浩然之气指纯正博大而又刚强的气质，显示出清雅高洁、正气凛然的意境，与其诗歌风格相得益彰。

南宋大臣，文学家文天祥也有诗道：

> 是气所磅礴，凛然万古存，
> 当其贯日月，生死定足论！

讲的就是浩然之气。盛唐时期的著名诗人王维，字摩诘。其名、字取自佛家经典《维摩诘经》，而他也正被人称为"诗佛"。

白居易，字乐天。其名、字出自古籍《中庸》中的"君子居易以俟命"及《易·系辞上》"乐天知命，故不忧。"

陆羽，唐代"茶圣"，字鸿渐，其名、字出自《易经·渐卦》："鸿渐于陆，其羽可用为仪，吉"。

北宋杰出的政治家、思想家、文学家王安石，字介甫，名字取自《易经·豫卦》："其介如石"，"甫"为男子美称。

北宋时期著名文学家晁补之，字无咎，"苏门四学士"之一。其名、字取自《易经·系辞上》："无咎

■ 孟浩然画像

者，善补过者也。"

著名的雕塑家王朝闻的名字，出自《论语·里仁》："朝闻道，夕死可矣。"意思是早晨闻知真理，以拼死的精神来求得真理，到晚上死了也值得。

■陆羽品茶雕像

文化诗意取名，是我国古代文化宝库中的一朵绚丽的奇葩。这些清雅脱俗、怡人耳目的名字，如同雪地寒梅，暗香浮动，纵经千年的风霜，其清幽芬芳愈发弥醇。

清代著名画家郑板桥，字克柔，号板桥。其名、字出自唐代刘禹锡的《杨柳枝》：

春江一曲柳千条，二十年前旧板桥。
曾与美人桥上别，恨无消息到今朝。

借"板桥"二字来讽刺世态炎凉，名字与其画风一致，耐人寻味。清代画家宋端己，字耻夫。其名、字出自孟浩然诗句："欲济无舟楫，端居耻圣明。"

古人道："艺由己立，名由人成。"给孩子取个意蕴深远的名字，赋予孩子一份美好的祝愿和期待，只是第一步，日后还要时常向他们讲述名字的含义及来源，耐心督促并激励他们勤学修身，立志成

郑板桥画像

才，才能做到名副其实，不负初衷。

好的名字不仅须意蕴深刻，能体现出父母长辈对孩子人格修养和价值取向的期望，给孩子以信心、自豪和激励，有助于孩子才能修养的提高和完善。而且要清新优美，余韵悠长，这样的名字才能让人耳目一新，留下一个美好深刻的印象。

总之，不管是典籍查字取名，还是诗词意境取名，这些意蕴深远而富于文化气息的名字，不仅为名字的主人带来了丰富的精神养料，熏陶了主人的心灵，更给主人以潜移默化的强烈持久的心理暗示和自我期待，使其注重自身品性才能的培养，并勇敢承受人生困境的磨砺，最终成长为精英，乃至民族的栋梁。

万姓之根

姓氏与名字号及称谓

阅读链接

古人取字是极为重视和讲究的。字一般为两个字，少数也有三个字的，其意思与名的字义相关联，二者相得益彰，有的还按音律要求讲究平仄对仗，称呼起来朗朗上口。

战国时期诗人屈原，姓屈，名平，字原，《尔雅》中有"广平日原"之间，原与平在意思上相关联。又如孔子的学生颜回，字子渊，《说文》解释说："渊，回水也。"回是旋转的意思。

《白虎通义·姓名》说："闻名即知其字，闻字即知其名。"古人的表字种类繁多，形形色色，但取表字却有章可循，有一定的规律。

古代男子成人，不便直呼其名。故另取一与本名涵义相关的别名，称之为字，以表其德。凡人相敬而呼，必称其表德之字。后称字为表字。

字起源于商代，盛行于周代，后来形成了一种制度。根据《礼记·檀弓》上的说法，在人成年后，需要受到社会的尊重，同辈人直呼其名显得不恭，于是需要为自己取一个字，用来在社会上与别人交往时使用，以示相互尊重。

因此，古人在成年以后，名字只供长辈和自己称呼，自称其名表示谦逊，而字才是用来供社会上人来称呼的。北齐的颜之推认为，人名是区别彼此，字则是体现一个人的德行的。大部分人的名与字在意义上都是有关联的。

尊敬所称

表字内涵

字的由来与名的相互关系

屈原，是我国最伟大的浪漫主义诗人，他创造的"楚辞"文体在我国文学史上独树一帜，对后世的诗歌创造产生了无可估量的积极影响。屈原，名平，字原，又名正则，字灵均。关于自己名字的来历，屈原在《离骚》中说得很清楚，他说：

■屈原画像

帝高阳之苗裔兮，朕皇考曰伯庸。摄提贞于孟陬兮，惟庚寅吾以降。皇览揆余初度兮，肇锡余以嘉名，名余曰正则兮，字余曰灵均。

在这段文字中所表现的意思就是说："我是古帝高阳氏的后代，我的父亲叫伯庸。我降生在寅卯年

孟春月的庚寅日，父亲给我起了个好名字，名叫做"正则"，字叫做"灵均"。屈原的父亲伯庸很有学识，伯庸为儿子取名"平"，又起名"正则"，取字"原"又用字"灵均"这一对名和字相结合的含意是"言正平可法则者，莫过于天，养物均调者，莫神于地"的意思。

而高平为"原"，这里正含有了屈原的一对名和字，其中名"正则"与"平"相结合，则意法天，字"灵均"与"原"相结合，则意法地。法

■ 屈原艺术雕塑

天和法地，这正是父亲希望儿子所能做到的人格要求和处事原则。屈原的生辰名字被解释为符合《史记》中所说："天开于子，地辟于丑，人生于寅"的天地人三统。

可知古人除了有名外，还有字。名用于自称，字用于他称。如果说起名是为了分彼此，那么取字就是为了明尊卑，这是名与字功能的基本区别。

在取名字时，名与字之间必有一定的联系，互相映衬，互相补充，体现出内在的关联。字独立于名之外，但又与名保持有密切的联系，字与名相为表里。

根据古文字学，"字"有滋生之义。因此，我们也可以理解为古人的字，系由名滋生而来。

在古代，早期命字的特点有很多，如孔子的学生樊须，字子迟。须和迟都是等待的意思。闵损，

《离骚》战国时期著名诗人屈原的代表作，是我国古代诗歌史上最长的一首浪漫主义的政治抒情诗。诗人从自叙身世、品德、理想写起，抒发了自己遭谗言被害的苦闷与矛盾，斥责了楚王昏庸、群小猖獗与朝政日非，表现了诗人坚持"美政"理想，抨击黑暗现实，不与邪恶势力同流合污的斗争精神和至死不渝的爱国热情。

■ 关羽画像

子贡（前520—前446），东周春秋末年卫国人。孔子的得意门生，孔门十哲之一，"受业身通"的弟子之一，孔子曾称其为"瑚琏之器"，在孔门十哲中以言语闻名。万仞宫墙典故，出自子贡称赞孔夫子之学问高深。

字子骞。损与骞都有亏折的意思。颜回，字子渊。据《说文解字》解释："渊，回水也。回，渊水也。"这就是命字时候的同义互训的特点。

命字还有反义相对的原则，卫人端木赐，字子贡。上赏给下叫"赐"，下献给上叫"贡"，意义恰好相对。楚将唐昧，字子明。昧是昏暗的意思，与光明正相反。黄损，字益之，徐退，字进之，"损"与"益"，"退"与"进"，都正好可组成反义词，这类虽然不多，但细细品味也别有一番意思。

连类推论也是命字的一个特点，如孔子的弟子南宫适，字子容。括是包括的意思，推论到容，即受容。楚臣仲归，字子家。有归而家，顺理成章。

齐公子固，字子城。有坚固之义，引指高大实在的城墙。鲁人冉耕，字伯牛。由农垦之义，引指具体的耕牛。这是据义指实的应用。

此外，还有辨物统类的用法，如卫人蘧瑗，字伯玉；齐人陈灌，字子玉。瑗、灌均为玉类之一种。孔子的儿子孔鲤，字伯鱼；楚公子鲂，字子鱼。鲤、鲂均为鱼类中的一种。

上面列举的诸人的字，均由两个字组成，但第一字并无实义。如子迟、子贡的"子",是古代男子的美称。而伯牛、伯鱼的"伯",系排行用字。所以,此类二字,其实是一个字。这也是早期命字的特点之一。

由此及彼,于联想中识雅趣。如关羽,字云长,由鸟儿的羽毛联想到天空的浮云。贾岛,字浪仙,由岛想到浪花的洁白自由。陆龙,字在田,钱谦,字受益,高明,字则诚。这一种又是根据某一成语而来:此类成语分别是:"见龙在田","谦受益","明则诚"。

还有一部分由于词义的变迁,已经很难看出他们的名和字之间的联系了,但如果我们深入地去了解,还是可以找到其中的奥秘。例如:孟子,名轲,字子舆。《说文·车部》中解释:轲"接轴车",舆"古代马车车厢",由此可见孟子的名和字的关系应属于上面所说的第一种情况。

再如:苏轼,名轼。字子瞻。轼:车前供人凭倚的横木。《左传·僖公二十八年》中有"君冯轼而观之"的句子,而"瞻"就有"向前看"的意思。

孔丘,字仲尼,就是以排行命字的。孔子被历代封建统治阶级尊称为圣人,被评为"文圣",是我国历史上的"十圣"之首。

孔子的祖先原姓子,取字孔

■颜回(前521—前481),颜回是孔子最得意弟子,极富学问。为人谦逊好学,"不迁怒,不贰过"。他异常尊重老师,对孔子无事不从无言不悦。以德行著称,孔子称赞他"贤哉回也",自汉代起,颜回被列为七十二贤之首,有时祭孔时独以颜回配享。

父，取名叫嘉，称为孔父嘉。孔父嘉的后代改以他的字中的"孔"为姓，这就是孔子的姓氏来历。

孔子的父亲名叫孔纥，字叔梁，后人习惯地称其为叔梁纥。叔梁纥是鲁国的一个将军，他原有9个女儿和一个儿子，可仅有的一个儿子是个瘸子。在当时的社会背景下，叔梁纥希望能再生一个儿子。

于是，叔梁纥就和妻子一起，到鲁国东南的尼丘山，求天神再赐给自己一个儿子。后来，妻子怀孕，生下了孔子。叔梁纥认为这是在尼丘山向神灵祈求来的，而且孔子出生时，头顶中间低四周高，像尼丘山一样，于是就给他起名叫丘，字仲尼。仲是排行第二的意思。

一般来说，名是留着自称的，对人称自己的名，是一种谦虚与礼貌。比如，据《论语》记载，孔子为显示自己"圣人"的谦让有礼，在学生面前常自称"丘"。一般地说，自称名的场合，常是下级面对上级，臣子面对君王，晚辈面对长辈。

同样，在称呼对方的时候，便以称字而为礼貌。尤其是平辈之间，为表示对对方的尊敬，都是称字的多。如西汉李陵《答苏武书》：

子卿足下，勤宣令德，策名清时。

孔子杏坛讲学图

子卿是苏武的字。

再举一个反面的例子。唐朝大诗人杜甫在成都时，曾作严武幕僚。一次醉酒后，杜甫竟当着严武的面说："不谓严挺云乃有此儿！"因为失言，他竟直呼严武父亲的大名。

这下可把严武弄火了，他顿时暴跳如雷"杜审言之孙敢捋虎须乎？"杜审言是杜甫祖父的大名。严武"回骂"又升一级，可见当时称谓要求之严格！

■杜甫画像

阅读链接

用数字作名字，在唐代就形成风气，清代时满族人更喜欢这样取名。据不完全统计，仅乾隆年间写入官修史书中的数字名就有110个，民间尚不算在其中。

如六十七、七十五、八十六等。那么这些数字名是根据什么起的呢？大多数是在小孩降生时，根据其祖父母的年龄或父母的年龄之和数，作为这个孩子的名字。

秦汉以后对取字的继承

秦汉以后，取字逐渐增多，成为主流。而且，字与名并用时的排列顺序，也发生了变化。先秦时是先称字，后称名。如楚将百里孟明视，百里是姓，孟明是字，视是名。

百里孟明视画像

自汉代以后，改为先称名，后称字。取字的方式也发生了变化。在取字的方式上，既继承了先秦时代同义互训、反义相对、连类推论、辨物统类，以及以排行入字、以美称入字等传统作法，又有了新的发展。

东汉以后，人名取字才越来越讲究，情况也越来越复杂。人们在有了名以后，往往把取字看得很重要。有些人在取字时，注重效法

■ 诸葛亮（181—234），徐州琅琊阳都人，三国时期蜀汉丞相，杰出的政治家、军事家、散文家、书法家、发明家。在世时被封为武乡侯，死后追谥忠武侯，东晋政权因其军事才能特追封他为武兴王。其散文代表作有《出师表》、《诫子书》等。曾发明木牛流马、孔明灯等，并改造连弩，叫做诸葛连弩，可一弩十矢俱发。

古人，如取字士则、思贤、师亮等。有些人则寄托对当事人的厚望，取字温叟、永全等。这些，无不含有深刻的意义。

一是继承传统命字作法，如蜀相诸葛亮，字孔明；东晋诗人陶渊明，字元亮；唐"大历十才子"之一的司空曙，字文明。这是同义互训命字法。

唐代诗人罗隐，字昭谏；"唐宋八大家"之首的韩愈，字退之；宋代大儒朱熹，字元晦；清代音韵训诂学家王念孙，字怀祖；桐城派作家管同，字异之。这是反义相对的命字法。

北宋文学家晁补之，字无咎；南宋诗人尤袤，字延之；南宋词人刘过，字改之；清代史家章学诚，字实斋。这是采用了连类推论的命字法。

东吴将领周瑜，字公瑾；诸葛亮的兄长诸葛瑾，字子瑜。这是辨物统类命名的命字法。

东汉文学家蔡邕，字伯喈；唐代诗人钱起，字仲文；北宋词人晏几道，字叔原；明代文学家王思任，字季重。这是以排行入字的命字法。

二是命字的发展。在命字的新的发展方面，比如强调增美辞。在先秦时代的子、父一类尊称用字以外，大量含义丰美之辞，如公、翁、卿、倩、彦、伟、休、道、孝……成为取字的热门选择。

《劝学》《荀子》一书的首篇，较系统地论述了学习的目的、意义、态度和方法。劝，是劝勉、鼓励的意义。作者荀子，名况，战国末期著名思想家、文学家，儒家学派代表人物，世人尊称"荀卿"。

用尊老美辞的，如东汉大臣窦融，字周公；东吴将领黄盖，字公覆；西汉豪强郭解，字翁伯；唐吏孔巢父，字弱翁。

用称谓美辞的，如西汉使节苏武，字子卿；大将军卫青，字仲卿。

用身份美辞的，如西汉文学家东方朔，字曼倩；曹丕之孙、魏帝曹髦，字彦士。

用形容美辞的，如"建安七子"之一的徐干，字伟长；三国魏文学家应璩，字休琏。用德性美辞的，东汉学者尹珍，字道真。刘备的谋士法正，字孝直。

还有采用典籍中精彩的名言警句之义，用作表字，意趣高雅。

■汉朝名将卫青画像

曹操，字孟德，语出《荀子·劝学》："学也者，固学一之也。……是故权利不能倾也，群众不能移也，天下不能荡也。生乎由是，死乎由是，夫是之谓德操。"《尚书·大禹谟》称"满招损，谦受益。"由此，明末文人钱谦益，字受之；晚清士绅王先谦，字益吾。

表示对前贤先哲的仰慕之意，也是古人命名、取字的重要思路之一。

北齐文学家颜之推，倾慕

春秋时晋人介之推的节操，故与之同名，又以其姓氏为字。南朝文字训诂学家顾野王，钦佩西汉博士冯野王，不仅照搬其名，而且取字为希冯。明末清初学者顾祖禹，景仰宋代史家、人称"唐鉴公"的范祖禹，仿其名，又字景范。

取字的重要意义还在于寄情怀。陆游在《老学庵笔记》中说："字所以表其人之德。"正如言为心声一样，字也是人们抒情怀的手段。

■曹操画像

名与字之间存在着密切的联系，这种联系既可以是文辞意义上的，也可以是文字结构上的。如南宋诗人谢翱，字皋羽；明代"竟陵派"文人刘侗，字同人；清文学家毛奇龄，字大可。

唐宋以后，由于理学加强，一些繁文缛节越来越多，读书人之间在称呼上也大做文章，称字，是为了表尊敬。但时间长了之后，渐感称字还不够恭敬，于是又有了比字更表恭敬的"号"。

阅读链接

相传在王莽执政的时候，曾下令整个国家不得有二字人名，又让使臣告诉匈奴单于，说改了名字后一定重重有赏。

单于就上了一道表章说："幸得备藩臣，窃乐太平圣制，臣故名囊知牙斯，今谨更名曰知。"

王莽大悦，厚加赏赐。王莽对匈奴尚且如此，那么在汉朝内部的推行，肯定是更加不遗余力。而且把单名看成是荣宠，二名看成是贬辱，对于向全社会推行"单名"的所谓"制作"无疑有很大作用。

对名和字的各种礼仪要求

　　在先秦时期，当名和字连称时要先字后名。如孔父嘉是孔子在宋国的祖先，孔父是字，嘉是名，姓为公孙；叔梁纥是孔子的父亲，纥是名，叔梁是字，姓为孔；孟明视是百里奚的儿子，视是名，孟明是

■ 建安七子

字，姓为百里；西乞术是蹇叔的儿子，术是名，西乞是字，姓为蹇；白乙丙是蹇叔的儿子，丙是名，白乙是字，姓为蹇。

这就是名和字连起来称呼，表示尊敬的一个例子。在古代，由于特别重视礼仪，所以名、字的称呼上是十分讲究的。在人际交往中，名一般用作谦称、卑称，或上对下、长对少的称呼。

平辈之间，只有在很熟悉的情况下才相互称名，在多数情况下，提到对方或别人直呼其名，被认为是一种不礼貌的行为。平辈之间，相互称字，则认为是有礼貌的表现。

下对上，卑对尊写信或呼唤时，可以称字，但绝对不能称名。尤其是君主或自己父母长辈的名，更是连提都不能提，否则就是"大不敬"或叫"大逆不道"，所以便产生了我国特有的避讳制度。

我国古代名和字连起来称呼表示尊敬还有一种情况，是自汉朝以后，名字连称时，要先名而后字。

在曹丕《典论·论文》中的一段话里，提到"建安七子"名字连

■ 古代女子加笄

加冠 弱冠指男子20岁，也称加冠。古代男子二十便要在宗庙中行加冠的礼数。冠礼由父亲主持并由指定的贵宾为行加冠礼的青年加冠三次，分别代表拥有治人、为国效力、参加祭祀的权力。加冠后由贵宾向加冠者宣读祝辞并赐上一个与俊士德行相当的美"字"使他成为受人尊敬的贵族。

称，都是先名后字。这段话说：

> 鲁国孔融文举，广陵陈琳孔璋，山阳王粲仲宣，北海徐干伟长，陈留阮瑀元瑜，汝南应玚德琏，东平刘桢公干。

古人对名和字的不同称呼，反映了当时的社会心理和文化心理，是一种具有时代特征的礼仪文化。

关于名与字二者之间的关系，清代人王应奎曾说："古者名以正体，字以表德。"意思是说，名是用来区分彼此的，字则是表示德行的。二者性质不同，用途也不大一样。

在古代，男孩子长到20岁的时候，要举行"结发加冠"之礼，以示成人，这时就要取字。而女孩子在15岁时要举行"结发加笄"之礼，以示可以嫁人了，这时也要取字。可见，古代的时候男女皆有字。

一般说来，古时候，名是阶段性的称呼，小时候称小名，大了叫大名。等有了字，名就成了应该避讳的东西，相称时也只能称字而不称名。

名和字互为表里，在多数情况下共同构成了一个人的代号，尽管用途不尽相同，二者之间还是有相关联系的。

当时有些人名所用的字也有特定的含义，这含义并因同时出现的字而更为清楚。字往往是名的解释和补充，是和名相表里的，所以又叫"表字"。

古人名和字的关系，有意义相同的。如：东汉创制地动仪的张衡，字平子，"击鼓骂曹"的文学家祢衡，字正平。他们名、字中的"衡"就是"平"的意思。宋代诗人秦观，字少游，陆游，字务观，他们名、字中的"观"和"游"也是同义。唐代书法家褚遂良，字登善，宋代文学家曾巩，字子固。他们名、字中的"良"与"善"，"巩"与"固"，也都是同义。

名和字有意义相辅的。如：东汉"举案齐眉"的文学家梁鸿，字伯鸾，"鸿""鸾"都是为人称道的两种飞禽；西晋文学家陆机，字士衡，"机""衡"都是北斗中的两颗星；唐代诗人白居易，字乐天，因"乐天"故能"居易"；宋代作家晁补之，字无咎，"咎"是过错，因能"补"过才能"无咎"。"渔"是打鱼，"樵"是砍柴，"渔"和"樵"常为侣；宋代史学家、《通志》的编者郑樵，字渔仲"渔翁"又常戴"笠"，清代文学家李渔，字笠翁。

秦观（1049—1100），北宋高邮人，官至太学博士，国史馆编修。秦观一生坎坷，所写诗词，高古沉重，寄托身世，感人至深。极善书法，小楷学钟王，遒劲可爱，草书有东晋风味，行楷学颜真卿。1130年，南宋朝廷追赠秦观为"直龙图阁学士"，后世称之为"淮海公"。

■郑樵画像

名和字有意义相反的。如：宋代理学家朱熹、字元晦，元代书画家赵孟頫、字子昂，清代作家管同、字异之，他们名字中的"熹"与"晦""頫"与"昂""同"，与"异"都是反义。

古人大多因名取字，名与字内容毫不相干的情况，几乎见不到。

名与字除了表称呼外，还能显现亲属关系。最常见的形式是，兄弟姊妹在名字中共用一字，以表示同辈关系。万一是单名的话，就共用同一偏旁，例如苏轼、苏辙兄弟。

唐代则以数字来表示，称为行第。例如高适《人日寄杜二拾遗》中的"杜二"是指杜甫，白居易《与元九书》的"元九"指元稹，韩愈《祭十二郎文》等，都是以名字来表示长幼秩序。

另外，以排行为字，例如管夷吾、字仲，范雎、字叔。不过这种情况极为少见。贵族女子字的前面加上姓，姓的前面再加上孟或伯、仲、叔、季表示排行，字的后面加上母或女表示性别，这样就构成了女子字的全称。

如孟妊车母，中姞义母。也可省去母字、女字或排行，如季姬牙、姬原母。有时可以单称某母或某女，例如寿母、帛女。

■ 韩愈（768—824），字退之，唐代著名文学家、哲学家、思想家、政治家，世称韩昌黎，晚年任吏部侍郎，又称韩吏部，谥号"文"，又称韩文公，唐宋八大家之一。后人对韩愈评价颇高，明人推他为唐宋八大家之首，与柳宗元并称"韩柳"，有"文章巨公"和"百代文宗"之名，作品都收在《昌黎先生集》里。韩愈的作品非常丰富，现存诗文700余篇，其中散文近400篇。韩愈的散文、诗歌创作，实现了自己的理论。

■ 颜真卿（709年—784年，一说709年—785年），字清臣，汉族，唐京兆万年人，祖籍唐琅琊临沂，唐代中期杰出书法家。他创立的"颜体"楷书与赵孟頫、柳公权、欧阳询并称"楷书四大家"。

汉代以后，逐渐在名或字中，用同样的字或偏旁表同辈关系。如唐代抵抗安禄山的名将颜杲卿，与他的弟弟颜曜卿、颜春卿，共用"卿"字。和他们同辈的堂兄弟颜真卿也用"卿"字。

宋代文学家苏轼、苏辙兄弟共用偏旁"车"表同辈。明神宗的儿子朱常洛、朱常瀛、朱常洵等，第二字共用"常"，第三字共用"氵"旁。明崇祯帝朱由检和他的哥哥朱由校、堂兄弟朱由榔、朱由崧等，第二字共用"由"，第三字共用"木"旁。

在这种情况下，姓名中的第一字是和父、祖共用的族名，第二字和第三字的一半是和弟兄等共用的辈名，具体到个人身上就只有半个字了。

阅读链接

明代熹宗时，大宦官魏忠贤本是一个无赖，原名李进忠，事奉宦官魏朝而改名。

魏忠贤与熹宗的奶妈客氏私通，因客氏之故而得熹宗信任，渐掌朝政。他广结羽翼，遍置死党，朝中排斥打击正直忠臣，朝外压迫东林名士。媚事者竟拜伏，呼他为"九千岁"，各地督抚为他建生祠来祭祀。

这样一个大奸贼，既不"忠"，又不"贤"，最后落下一个千古骂名。

名和字所特有的避讳制度

　　在古代，一般而言，古人对名和字避讳是有一定规则的，班固在《白虎通义·姓氏》中归结过"五不讳"，《讳辩》中也有三不讳的讲法，归纳来说是以下八条：

一是讳名不讳姓；二是二名不偏讳；三是不讳嫌名；四是父已死，不讳祖名；五是君前不讳父名；六是已桃不讳；七是临书不讳；八是临文不讳。

《讳辩》 唐代文学家韩愈的一篇议论文。当时的著名诗人李贺因避父亲的名讳而不能参加进士科考，像其他读书人那样取得功名，以致前途受到影响。韩愈对此十分愤慨，于是写下这篇文章来论述此事，表达他反对将"避讳"搞得太泛滥的主张。

在各个朝代这些规则又有变迁。总体来说，我国的避讳制度起源于周代，到秦代时，随着中央集权的建立，避讳的办法才初步确立。避讳的对象包括帝王、圣贤、长官、长辈。

对当代帝王及本朝历代皇帝之名进行避讳，属于当时的"国讳"或"公讳"。如秦始皇，名政，于是下令全国改正月为"端月"。秦始皇的父亲名楚，楚这个字就被改称为"荆"。在汉光武帝刘秀时期，秀才被改成"茂才"。

除了要避皇帝的讳，还要避讳皇后之名。如吕

■孔子讲学壁画

■ 陆游雕像

后，名雉，臣子们遇到雉要改称"野鸡"。汉代律法还规定，臣民上书言事，若触犯帝王名讳属犯罪。

避圣贤讳主要指避至圣先师孔子和亚圣孟子的名讳，有的朝代也避中华民族的始祖黄帝之名，有的还避周公之名，甚至有避老子之名的。比如孔夫子姓孔，名丘。北宋朝廷下命令，凡是读书读到"丘"字的时候，都应读成"某"字，同时还得用红笔在"丘"字上圈一个圈。

这种避讳到了清代更为严重，凡是天下姓"丘"的，都要加个耳字旁，改姓"邱"字。并且不许发"邱"的音，要读成"七"的音。于是，天下姓丘的，从此改姓邱了。

讳长官讳就是下属要讳长官本人及其父祖的名讳，甚至还有一些骄横的官员，严令手下及百姓要避其名讳。

陆游编著的《老学庵笔记》就记有这样一个故事。说有一个叫田登的州官，不准下属及州中百姓叫他的名字，也不准写他的名字。

到了正月十五这一天，照例要放灯三天。写布告的小吏不敢写灯字，改为"本州依例放火三日"。由此便有了"只许州官放火，不准百姓点灯"的笑话。

避长辈就是避父母和祖父母之名，是全家的"家讳"或"私讳"。私讳乃是文人士大夫对其长辈之名所作的避讳。与别人交往时,应避对方的长辈之讳,否则极为失礼。

晋代人特别重视家讳,别人言谈中若涉及自己父亲、祖父的名字时,就得赶快哭泣,以表对父、祖的孝心。《世说新语》中就记载,东晋桓温之子桓玄,一日设宴待客。有位宾客嫌酒太凉,要侍者"温一温",桓玄一听此"温"字,马上痛哭流涕,一直哭到不能出声。

司马迁的父亲叫司马谈,所以《史记》里,把跟他父亲名字相同的人,一律改了名。例如"张孟谈",改为"张孟同";"赵谈",改为"赵同"。

后来《后汉书》的作者范晔也是如此,因为范晔的父亲叫范泰,所以在《后汉书》里,叫"郭泰"的,竟变为"郭太"了。叫"郑泰"的,也变为"郑太"了。

又如唐代著名的诗人杜甫,其父亲的名字叫杜闲。为了避"闲"字的讳,杜甫写了一辈子的诗,

■ 杜甫父母画像

《世说新语》
南朝时期产生的一部主要记述魏晋人物言谈逸事的笔记小说。是由南北朝刘宋宗室临川王刘义庆组织一批文人编写的,梁代刘峻作注。记述自汉末到刘宋时名士贵族的逸闻轶事,主要为有关人物评论、清谈玄言和机智应对的故事。

尊敬所称
表字内涵

■ 苏轼铜像

进士 意为可以
进授爵位之人。
古代科举制度中
通过最后一级朝
廷考试的人，就
叫做"进士"，
是古代科举殿试
及第者之称。唐
朝时以进士和明
经两科最为主要，
后来诗赋成为进
士科的主要考试
内容。元明清时
期，贡士经殿试
后，及第者皆赐出
身，称"进士"。

却没在诗中用过"闲"字。杜甫母名海棠，《杜集》中无海棠诗，不名母名。

又如苏轼祖父名序，即讳"序"字，所以苏洵不写"序"字。碰到写"序"的地方，改成"引"字。苏轼也跟着不用"序"字，他以"叙"字来代替。

由于在言谈中容易触犯别人的家讳，很多人都很重视谱学研究，以免言语不慎，触怒他人。

在南北朝时期，士大夫都以善避私讳为荣。南朝刘宋太保王弘，精通谱学，能"日对千客，不犯一人之讳"，当时竟被传为美谈。

在唐代，避讳成为政府颁布的法律，不少人因不慎触讳丢官去职，断送仕途。

大诗人李贺的父亲名晋肃，由于"晋"与"进"同音，当时人认为他不能中进士。虽然有韩愈帮忙，专门写了《讳辩》为之辩白，但李贺最终没能参加进士科考试。

避讳本来是臣属或晚辈，对君主或尊长表示尊崇而为，可是后来也有因对某人、某事厌恶，而避用有关字的。

恶讳首先在唐代兴起。安史之乱后，唐肃宗憎恶安禄山之名，改安化郡为顺化郡，广东宝安县也被改为东莞县。

宋代是避讳最严的一个朝代，庙讳就达到50个字，科举考试中，举子"举场试卷，小涉疑似，辄不敢用，一或犯之，往往暗行黜落"，失去中榜机会。

■司马光画像

宋孝宗时，应避讳的文字达到278个，文人士子遣词造句，如履薄冰，举步维艰。至于因避讳不敢做某事、担任某官的更是常有。宋代司马光被遣出使辽国，但因辽主名耶律德光，司马光只好以同名难避而辞退了这一差使。

元代是少数民族的政权，几乎没有避讳制度，大臣上书也敢直呼皇帝的大名。清代除皇帝名之外，胡、夷、虏、狄等字，都在避讳之列。

1777年，江西举子王锡候在《字贯》中触犯了清代康熙、乾隆帝名讳，竟被满门抄斩，令天下士子心惊胆战。直到清代结束，我国存在了3000多年的避讳制度才被彻底废除。

阅读链接

周代男性还在字的后面加父、甫，女性字后加母、女等字，以表示男女性别。如孔子，字仲尼，又称"仲尼父"，或"尼父"；春秋时男子取字的最普通方式是在字的前面加上"子"字，这是因为"子"是男子的尊称。

春秋政治家公孙侨，字子产，孔子学生颜回，字子渊，端木赐，字子贡，冉求，字子有等。这个"子"字也可以省去，直接称颜渊、冉有。

这种取字方式一直延续下来，如西汉史学家司马迁，字子长；西汉出使匈奴的苏武，字子卿；三国魏文帝曹丕，字子桓；唐代文学家王勃，字子安；唐代文学家柳宗元，字子厚；北宋文学家苏轼，字子瞻等。

名和字避讳方法及其影响

历代王朝的避讳制或弛或密，讳禁或宽或严，据其政治需要而有其独自的特点，但就避讳方法而言，可有3种，第一种是改字法，第二种是空字法，最后一种就是缺笔法。

秦始皇蜡像

"改字"，就是对君主以及所尊者之名改用其他字代替。这种方法从秦汉时期开始使用，历代沿用不废。由于"改字"法实行，在古籍中出现了或改人姓、人名，或改地名，或改官职名称，或改前代年号，或改书名，或改物品名称，或改纪年干支等现象。

秦汉时代的避讳制并不严密。秦始皇之父名子楚，《史记·秦始皇本纪》中称"楚"为"荆"的地方，《正义》、《索隐》的注释，皆称因避庄襄王名"子楚"讳而改"楚"为"荆"。但《秦始皇本纪》记载始皇"六年，韩、魏、赵、卫、楚共击秦"；李斯的《谏逐客书》，都不讳"楚"。

秦始皇名"政"，《史记索隐》在《秦楚之际月表》"端月"下注称因避始皇讳，改"正月"为"端月"。又如在湖北云梦县睡虎地

■ 刘邦雕塑

考古发掘战国末至秦代墓葬中出土了大量秦代竹简，有一批叫做《语书》的竹简，其中几处遇到"正"字，都作"端"字，如"以矫端民心"，"毋公端之心"等，"端"应为"正"。显然是为了避始皇讳而改的。但在《史记·李斯列传》"将军恬与扶苏居外，不匡正，宜知其谋"，并不讳"正"。

《汉书·高帝纪》中，东汉荀悦对刘邦的避讳解释为：

诗邦，字季。邦之字曰国。

颜师古又进一步解释："'邦'之字曰'国'者，臣下所避以相代也。""邦"与"国"为同义互训之字，即词义相同，可互相解释。用同义互训之字相代以避帝王讳，成为汉代讳制。

班固在《汉书》中对刘邦的讳就是运用这一原则。同时，班固在《汉书·食货志上》引用《尚书·虞书·皋陶谟》"万邦作乂"

句时，改"邦"为"国"，作"万国作乂"。《汉书·叙传》中记载说：

> 嗣虽修儒学，然贵老严之术。颜师古注
> 称："老"，老子也。"严"，庄周也。

嗣，即班固的堂伯父。这里班固为避当代皇帝刘庄的讳，把庄周的姓改为"严"。但他在《高帝纪》、《艺文志》诸篇中，或称"项庄"，或称《庄子》，并不避汉明帝讳。

二十四节气之一的"惊蛰"，在《左传·桓公五年》中作"启蛰"，为了避汉景帝刘启讳，刘安在他的《淮南子》中改"启"作"惊"。

司马迁对汉文帝刘恒、景帝刘启的讳，或避或犯。他在《史记·景帝本纪》中直书"立胶东王为太子，名彻"。竟敢不避当代帝王武帝的讳。

《三国志》作者陈寿，因避晋宣帝司马懿讳，把《后汉书·灵帝纪》中的并州刺史张懿，在《三国志·蜀书·刘二牧传》中改作"张壹"。

东晋人为避晋文帝司马昭讳，硬要把生活在200多年前的王昭君改名"王明君"，把汉代人制作的《昭君》曲，改为《明君》曲。

■班固撰写汉书

与此类似，清初神韵说诗派创始人渔洋山人，本名王士禛，虽死于1711年，但当世宗即皇帝位之后，因其名"禛"字犯皇帝讳，仍被勒令改名"士正"。后来高宗弘历打出尊重文人学者的旗帜，又于1774年下令改名"士祯"，但还是不得称本名。

神话传说中的"嫦娥"，在《淮南子·览冥训》中作"姮娥"，高诱在注中仍称"姮娥"。刘知几在《史通·采撰》篇中也作"姮娥"。但在宋孝宗赵眘淳熙版《文选·月赋》的李善注中，"姮娥"改作"常娥"了。这是因为宋人避真宗赵恒讳，改"姮"为"常"。

■ 王士禛画像

反对王安石变法者之一的文彦博，其先人本姓"敬"，后晋时，因避高祖石敬瑭讳，其曾祖父改姓"文"，至后汉，复姓"敬"。当进入赵宋时代，因避赵匡胤的祖父赵敬讳，其祖父又不得不改姓"文"。

杨延昭是大家所熟悉的杨家将中的人物，他本名延朗，因避赵匡胤的始祖玄朗讳，改名延昭。为避讳而改地名的例子也有很多，如号称六朝古都的建康，本名建业，《三国志·吴书·吴主传》：

黄龙元年，……秋九月，权迁都建业。

《三国志》是西晋陈寿所著，记载我国三国时代历史的断代史，同时也是二十四史中评价最高的"前四史"之一。书中有440名三国历史人物的传记，全书共65卷，36.7万字，完整地记叙了自汉末至晋初近百年间中国由分裂走向统一的历史全貌。

■白居易雕像

晋元帝司马睿都建业时，因避晋愍帝司马邺讳，改名"建康"。并且把曾是曹魏重要都邑的"邺"，改名"临漳"。

白居易在《琵琶行》中有"江州司马青衫湿"句，"司马"原是由"治中"这一官号改来的。唐高宗李治为避其讳，于649下令"改诸州治中为司马"。"治中"是州刺史的副职。

同是《世本》一书，裴骃的《集解》称之为《世本》，张守节的《正义》亦称其为《世本》，唯独司马贞的《索隐》称其为《系本》，他在叙述《史记》的体例时，改称"三十世家"为"三十系家"。小司马与张守节同处玄宗之世，但仍避太宗李世民讳。《汉书·张骞传》中曾记载说：

匈奴破月氏王，以其头为饮器。

韦昭、晋灼对"饮器"都作了注释。晋灼的注："饮器，虎子属也，或曰饮酒之器也。"颜师古在纠正韦、晋二人的注释时，同时说明"兽子亵器，所以溲便者也"。"虎子"即尿壶。但他为避高祖李渊祖父李虎的讳，改"虎子"为"兽子"。从而改变器物的名称。

唐高祖李渊父名"昞"，唐人为避其讳，在唐贞观、显庆年间先后修撰八史，即在《晋书》、《梁书》、《陈书》、《北齐书》、《北周书》、《隋书》、《南书》、《北史》中凡用天干"丙"字纪年者皆作"景"。

虽有"不讳嫌名"的古制可循,《礼记·曲礼》:"不讳嫌名。"所谓的"嫌名"就是与所避之字的声音相近或相同的字。如因"眪"而讳"丙",就是"讳嫌名",仍自行其是。

至于为避讳改字而改前代年号,如《旧唐书·音乐志》载,唐人为避中宗李显讳,把高宗李治"显庆"年号改为"明庆"。在太宗诸子传中,为避李隆基讳,改高宗的"永隆"年号为"永崇"。宋人为避仁宗赵祯讳,把唐太宗的贞观年号改写为"真观"或"正观"。

"空字"法,就是将应避讳之字空而不书,或作"某",或作空围"□",或直书"讳"字。如《史记·孝文本纪》记载说:

> 元年正月,子某最长,纯厚慈仁,请建以为太子。

其中的"某"即汉景帝刘启。许慎在《说文解字》中,对当代皇帝安帝刘佑以及上至光武帝刘秀凡五帝之名,皆采用空字法,避而不书,仅作"上讳"二字,更不释其形、音、义。

《宋书》中对刘家帝王之名多作"讳"字。"永初元年八月,西中郎将、荆州刺史宜都王讳进号镇西将军。""讳",即晋文帝刘义隆。

镇压过瓦岗军的王世充,在唐人撰《隋书》时,为避李世民讳,改"王世充"为"王充",空"世"字。

儒家经典著作之一《礼记》在《曲礼》篇中明文规定"二名不偏讳"。唐太宗李世民并在武德九年六月又有诏令:

许慎头像

> 依《礼》,'二名不偏讳'。……
> 其官号、人名、公私文籍,有'世

民'两字不连续者，并不须讳。

据此，王世充之"世"字可以不空缺。唐高宗李治在649年令"改民部尚书为户部尚书"，同样是为避"民"字讳。这二例或可说明，制度为制度，而禁者自禁，行者自行。段玉裁在《说文解字·叙》中注说：

《史记》、《汉书》、《法言》、《大园》叙，皆殿于末。

■ 唐太宗李世民雕塑

《册府元龟》

北宋四大部书之一，史学类书。1005年，宋真宗赵恒命王钦若、杨亿、孙奭等18人一同编修历代君臣事迹。《册府元龟》与《太平广记》、《太平御览》、《文苑英华》合称"宋四大书"，而《册府元龟》的规模，居四大书之首，数倍于其他各书。

"《大园》"即杨雄的《太玄》。段为避清圣祖玄烨讳，以"元"代"玄"，并加空围"□"。他在"淯水，出宏农卢氏山，东南入沔。从水，育声。或曰，出郦山西"一语中，为避清高宗弘历讳，改"弘"为"宏"，又加空围。可见清代避讳之严。

"缺笔"是对所避之字的最后一笔不写。从《册府元龟·帝王部·名讳门》载唐高宗李治显庆五年颁布的不得随意改字、缺笔以避上名的诏书看，为避讳而缺笔之法约起于唐初。自唐而后，"缺笔"与"改字"二法并行不废。

讳制极盛的宋代，缺笔法亦甚为盛行。

在宋刻古籍中，"缺笔"不少于"改字"。如宋高宗赵构绍兴八年版《世说新语》，即用缺笔法避宋家帝王讳。这一刻本还反映了赵宋讳制之严。不仅遇

"玄朗""弘殷""敬""匡胤""恒""桓"等字皆缺末笔，在该书《德行》篇中记载王大闻知王恭将仅有的一领六尺簟送给他时，表示"甚惊"，"惊"字的上半"敬"字也缺末笔。

《旧唐书·音乐志四》中凡遇"敬""微"皆缺末笔。对唐太宗贞观年号之"贞"字亦缺末笔。

这些都可以概称为"国讳"。与此同时，尚有"家讳"之说，即官僚士大夫们对其所尊者避讳。司马迁的祖父名"僖"，《史记·齐太公世家》：

> 庆父弑闵公，哀姜欲立庆父，鲁人更立釐公。《集解》：徐广曰："《史记》僖字皆作釐。"

所以，《史记·鲁世家》中"僖公"作"釐公"，《魏世家》中有"十九年，昭王卒，子安釐王立"。《索隐》："《系本》，安僖王名圉。"

《报任安书》中有"同子参乘，爰丝变色"句，《汉书·司马迁传》对此句有注，"苏林曰：'赵谈也。与迁父同讳，故曰同子'"。《索隐》对《史记·赵世家》中的"张孟同"释称："《战国策》作张孟谈。'谈'者，史迁之父名，迁例改为'同'。"

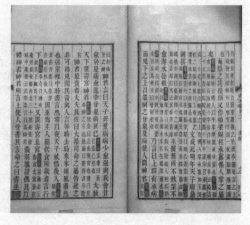

■古籍《史记》

《史记·平原君列传》中说："秦急围邯郸，邯郸急，且降，平原君甚患之。邯郸传舍吏李同说平原君。"《正义》对"李同"注称："名谈，太史公讳改也。"但在《李斯列传》、《司马相如列传》并不避"谈"。"子婴即位，患之，乃称疾不听事，与宦者韩谈及其子谋杀高。""因斯以谈，君莫盛于唐尧，臣莫贤于后稷。"

《后汉书》作者范晔，因其父名"泰"，把《后汉书·灵帝纪》中的"郭泰"改为"郭太"。《后汉书》卷六十八，"郭太，字林宗"。注为："范晔父名泰，故改为此'太'。"《后汉书》卷七十，"郑太，字公业"，"太"亦应作"泰"。

东晋桓玄初任太子洗马时，王大前来祝贺，玄设酒宴款待。王嫌酒冷不能饮，乃频呼使者取温酒来，玄因此哭泣。王很扫兴，告辞，玄陪礼为："犯我家讳，何预卿事！"因桓玄父名"温"也。

"家讳"尚有避嫌名者，《资治通鉴》作者司马光，因其父名"池"，乃改韩维的字"持国"为"秉国"。

避讳问题，曾对古籍造成相当的混乱，但如果能加以利用，反过来，又有助于校勘和对古老历史的研究。

阅读链接

著名的贤人柳下惠，并不是名字，此人为展氏，名获，字禽，是鲁孝公的儿子公子展的后裔。"柳下"是他的食邑，"惠"则是他的谥号，所以后人称他"柳下惠"，因为谥号是死后才有，所以他活着的时候，是不会有"柳下惠"这个称呼的。

据说他有个弟弟，就是著名的盗跖，这个称谓是用其身份作为人称的。其人本为展氏，名雄，也叫柳下跖。历史上之所以还知道这位大盗为展氏、食邑柳下，是因为他还是王公的后代。

自号尊号

我国古代的人于名字之外的自称简称"号"。别号多为自己所起，亦有他人所起。与名、字无联系。在古人称谓中，别号也常作为称呼之用。起号之风，源于何时，文献资料上没有详细记载，大概在春秋战国时就有了。

像"老聃""鬼谷子"等，可视为我国最早的别号。东晋时陶渊明自号"五柳先生"，南北朝时期有更多的人给自己起了号，唐宋时期形成普遍风气，元明清时达到鼎盛，不但人人有号，而且一个人可以起许多号。

如明代画家陈洪授有"老莲""老迟""悔迟""云门僧"等4个号。

自由性和可变性的别号

相传在先秦时期，苏秦和张仪的老师，号称鬼谷子。有人考证这是历史上的第一个号，因而认为，号起源于战国。《周礼·春官·大祝》记载："号为尊其名更美称焉。"

意思是说，号是人在名、字之外的尊称或美称。名、字是由尊长代取，而号则不同，号初为自取，称"自号"。后来，才有别人送上

鬼谷子讲学雕塑

的称号，称"尊号""雅号"等。

取号有种种不同的因缘，有抒发性情，有表明志向，有景慕贤人，有表彰珍藏，有纪志居所等。早期有号的人多是那些圣贤雅士。如老子别号"广成子"、范蠡别号"鸱夷子皮"等。

先秦时期有名字又有号的人并不太多，至秦汉魏晋南北朝时，取号的人仍不很多，名载史籍者仅有陶渊明别号"五柳先生"、葛洪别号"抱朴子"等数人。

到了隋唐时期，伴随着国家的强盛和文化的高度发达，在名、字之外另取别号的人逐渐多了起来。如李白号"青莲居士"、杜甫号少陵野老、白居易号"香山居士"，皆属此类。

唐宋时期，取号形成普遍的风气。唐宋期间号的盛行，主要因为一是伦理道德加强，二是文学发达，文人讲究文雅。

至明清时期，由于文人范围扩大，加上帝王提倡，取号更加盛行起来。上至皇帝，下至一般黎民百姓，几乎人人有号。

正如清代凌杨藻在《蠡勺编》一书中记载的那样，其时"闾市村垄，嵬人琐夫，不识字者莫不有号，兼之庸鄙狂怪"，甚至一些落草为寇的盗贼，也有其别号。

■ 葛洪画像

范蠡 春秋时期楚国宛地三户邑人。春秋末著名的政治家、谋士和实业家。后人尊称"商圣"。他三次经商成巨富，三散家财，自号陶朱公，乃我国儒商之鼻祖。世人誉之："忠以为国；智以保身；商以致富，成名天下。"后代许多生意人皆供奉他的塑像，称之财神。被视为顺阳范氏之先祖。

■ 辛弃疾雕塑

县令 古代官职。战国时，魏、赵、韩和秦称县的行政长官为令。秦代的商鞅变法时，将乡合并为县，设置县令及职责。县令本直隶于国君，战国末年时，县令成为郡守的下属。秦汉时期法令规定，人口万户以上的县，县官称县令。明清时期以知县为正式官名。

有这样一个故事，说一位县令在审理一桩窃案时，责难犯人为自己开脱罪责。犯人突然说道："守愚不敢。"县官不解其意，一问左右，才知道是犯人在自称别号。

自号都有寓意在内。纵观古人命号，有以居住环境自号的，如陶渊明自号"五柳先生"。李白自幼生活在四川青莲乡，故自号"青莲居士"。苏轼自号"东坡居士"。陆游号"龟堂"。辛弃疾号称"稼轩居士"。

明武宗朱厚照自号"锦堂老人"，明世宗朱厚熜自号"天池钓叟"，明神宗朱翊自号"禹斋"。清代皇帝乾隆晚年自号"十全老人""古稀天子"。

有的以旨趣抱负为自号。杜甫自号"少陵野老"。"一万卷书，一千卷古金石文，一张琴，一局棋，一壶酒，一老翁"，即"六一居士"，是欧阳修晚年的自号。

贺知章自号"四明狂客"，金心农自号"出家庵粥饭僧"，张志和号"烟波钓叟"，陆龟蒙号"江湖散人"，都体现了个人的旨趣。

不过总体来看当时社会的取号者的身份，大致还是在枕石漱泉、隐居不仕，或辞官归田、终老江湖的范围内。

从宋代开始，自取别号成了一种新风尚，其时佛道并行，别号中有居士、道人特多的倾向，故亦名道号。

取号者非但不止奇人、逸士之辈，也不仅是士夫、缙绅皆有一号或几号，甚至贩夫牙侩，也都有其号。

有的人以个人特征自号，南宋爱国词人辛弃疾，因中年把所居之地叫做稼轩，因此自号"稼轩居士"。

元代著名画家赵孟頫博学多才，经历了矛盾复杂又荣华尴尬的一生，被称为"元人冠冕"。他甲寅年生，便自号"甲寅人"。又因中年曾作孟俯，号"水晶宫道人"、鸥波。赵孟頫还曾自号"松雪道人"。

明代"吴中四才子"之一的祝允明，因为他的手有歧指，因此号"枝指生""枝山""枝山老樵""枝指山人"，后在民间演变成祝支山。

明代"江南四才子"之一的唐伯虎，据传于明宪宗成化六年庚寅年寅月寅日寅时生，故名唐寅。此外，他还自号"江南第一风流才子""普救寺婚姻案主者""六如居士""桃花庵主"等。

除了自己命号外，还有别人赠号的。有的以其轶事特征为号。如李白，人称"谪仙人"；宋代贺铸因写了"一川烟柳、梅子黄时雨"的好词句，人称"贺梅子"；张先因写了"云破月来花弄影"，"浮萍断处见山影"，"隔墙送过秋千影"三句带

贺知章画像

"影"字的好诗，人称"张三影"。

还有是以官职任所或出生地为号。如王安石称"王临川"，杜甫称"杜工部"，贾谊称"贾长沙"，王羲之称"王右军"，汤显祖称"汤临川"，孔融曾任北海太守，人称"孔北海"。顾炎武江苏昆山亭林镇人，人称"顾亭林"。

还有的是以封爵谥号为号。如诸葛亮封武乡侯，人称"武侯"，岳飞谥号"武穆"人称"岳武穆"等。宋代以后，文人之间大多以号相称，以至造成众号行世，致使他们的字名反被冷疏了。

由于号可自取和赠送，因此具有自由性和可变性。以至许多文人

■赵孟頫像

有很多别号，多的可达几十个，上百个。致使别号太多，反成搅乱。苏轼一生有14类38个名号。

在用字上，取号与取名、取字不同，大多不受字数多少的限制。从已知的历代别号来看，有2个字、3个字、4个字的号，甚至还有10多字、20多字的别号。

如清代画家郑板桥的别号，就有12字，即"康熙秀才雍正举人乾隆进士"。至于宗教界的一位叫释成果的法师，别号的字竟然多达28个之多，即"万里行脚僧小佛山长统理天下名山风月事兼理仙鹤粮饷不醒乡侯"，一个人的别号竟然用了近30个字，可谓古今一大奇观。

因为古人取号有较大的随意性，

并且不必加以避讳。因此，也就在一定程度上刺激了饱受文字狱和避讳之苦的明清时期的人，促使他们在名字之外，取别号来表现自己。

■ 王安石画像

当时的大多数人都取一个别号，但有些人的别号也有好几个。如清初画家石涛法名弘济，别号清湘道人、苦瓜和尚、大涤子、瞎尊者。

我国古人的称谓复杂，他们有姓名又有字、号。这种姓名、字、号的并存，既适应了当事人不同年龄阶段和不同情况下的需要，也为我国的姓名文化增添了新的内容。

阅读链接

南宋诗人戴复古，自号"石屏山人"，其中寓含着一种精神。从他写的诗中可以看出来。《感遇》诗道："人将作金坞，吾以石为屏。""石"与"金"同样坚硬；"石"虽比不上"金"身价昂贵，但却素朴、古拙、坚强挺拔，这正是作者人格精神的写照。

明代末年画家朱耷，在明亡时取号"八大山人"。"八大"二字连写，似哭非哭，似笑非笑，寓哭笑不得意，来寄托自己怀念故国的悲愤之情。

明末清初太原著名学者傅山，自号"朱衣道人"。明亡后，又号"衣朱衣"。清廷几次请他赴京应博学鸿词科试，都被他拒绝，坚决不与清朝廷合作。"朱衣"表面看是红色的，实际上是明代的象征，因为明代皇帝姓朱，红是明的意思，寄寓着对明代的深厚感情。

产生具有褒贬之意的绰号

  绰号也称"诨名""混号""诨号"。绰号几乎全部为他人所取，然后得到公认，使用性完全不取决于担当者本人的意愿。任何一个绰号在获得多数人认可之前，几乎全部是通过口耳相传的途径传播，这与别号、斋号的发生与流传，都依赖文字自属，又多借助作品的方式形成有别。

袁山松画像

  很多绰号与相貌、姓名、生理特征相结合的条件下，对担当者禀赋德性、行为举止等，作出外观与内涵有机统一的概括，同时富有强烈的公众舆论的褒贬性能，从而也在某种程度上，构成社会评判机制的一个部分。因此，绰号和别号、斋号，通为取用者个人思想感情的表述或纯主观性的自我评判和标示。

绰号起源时间很可能比自取别号还要早。魏晋南北朝时，士风日变，读书人相互取用调侃性绰号陡增。

在《世说新语》中记载，袁山松出游喜欢令人歌挽，人谓道上行殡、短主簿、入幕之宾等皆是。

唐宋时期文化氛围，益加开放，世人争取绰号成为一种社会风气。

到元明时期，诨名成为草莽文化和市井文化共同表象之一的特征业已定型。以明末农民大起义为例，见于史料的绰号如"左金王""革里眼""活曹操"等，便有上百个。

与此同时在上流社会，绰号又成为互相诋毁或派系斗争的一种工具。如东林党人攻击敌对势力，则有"五虎""五彪""十狗""四十孩儿"等各种品目。

反之敌对的另一方也会编造《东林点将录》，以《水浒传》里的混号加之政敌，如"托塔天王李三才""及时雨叶向高"之类，不胜枚举。是为庙堂之高，江湖之远，绰号诨名，无处不传。

绰号并非全是轻薄之人互相品目，有些绰号是公论所赠的美号，是人民爱戴绰号担当者的口碑。

明代监察御史丁俊生活节俭，常食豆腐，人称"豆腐御史"；新繁知县胡寿安种菜自食，人称"菜知县"，都是对为官清廉者的颂扬。

再如"阎罗包老""铁面御史"之类绰号，则是

■《水浒传》人物"玉麒麟"卢俊义泥塑

绰号 也叫外号，古已有之，并非新生事物。古代的绰号中含有丰富的文化内涵。绰号有自己所起和他人命名两种形式，一般而言，自己所起，蕴涵丰富而储蓄；他人所命，嬉笑怒骂、诙谐幽默。历史上许多名人都有一个有趣的绰号，而绰号也使历史名人更富个性化特征。

对刚正端直的褒扬。明代荆州知府张宏，坚决不接待通关系走门路的人，时人赠号"闭门张"。

此外，绰号又是讨伐邪恶、嘲讽奸佞的口诛之剑。如北魏人拓跋庆智任太尉主簿，不论大事小事，非贿不行，唯胃口不大，十钱起价，人称"钱主簿"。

还有不少文人骚客、书画高手或梨园名伶的绰号，多起于对他们学术和艺术成就的褒扬。

如南朝刘孝谅，精通晋朝史实，绰号为"皮里晋书"；唐代李素守，最擅谱牒之学，绰号为"肉谱"。还有诸如武士中的"活张飞""活武松"等。

从起用缘由看，绰号也可以作粗略分类，或描摹性情，或记述轶闻，或勾画相貌，或表述特长。而从语言艺术看，绰号对汉字文化潜力的开掘，在修辞手法上所达到的造诣，都远远超过了名讳、表字、别号、室名之类的水准。

也许大多数绰号都不像前者那样或出于经典，或工于雕琢，缺乏书卷气、雅致味，但它们运用简练精辟的语言所塑造的艺术形象，却真正能使担当者在人们闻见时，获得一种较实的立体感。

阅读链接

许多"外号""绰号"是在实际生活中相互开玩笑时起的，因而多含有讽刺讥笑的贬义。如春秋时秦国人称百里奚为"五羖大夫"，这是因为他沦落楚国后，又被秦穆公用五张羖皮赎回秦国做了大夫的。

唐高宗时人称李义府"笑中刀"，又号"人猫"。是因为他做宰相时表现得外柔内奸。

在宋代人们给王珪的外号叫"三旨宰相"，是因为他任宰相10多年中除取旨、领旨、传旨外，不干别的事。

皇帝专用的庙号和陵号

身为帝王的人，号对他们来说就越加地重要了。因为后人们往往只记住他们的号，而不是他们自己的名字。在诸多种号中，庙号和陵号是与帝王的皇家身份紧紧相连的。

庙号指帝王死后，在太庙中被供奉称呼时特起的名号。起源于重视祭祀与敬拜的商代。最初并不是所有君王都有庙号，一般君王死后会建筑专属的家庙祭祀，但在几代之后就必须毁去原庙，而于太庙合并祭祀。

合于太庙祭祀称之为"祧"，"祧"这件事情有实际上的作用。如

■ 太庙

■ 刘彻画像

谥号 我国古代
君主、诸侯、大
臣、后妃等具有
一定地位的人死
去之后，根据他
们的生平事迹与
品德修养，评定
褒贬，而给予的
寓含善意评价、
带有评判性质的
称号。帝王的谥
号一般是由礼官
议定，大臣的谥号
则由朝廷赐予。

果每个君王的庙都留下，数代之后为
数众多的家庙会有祭祀上的困难。而
对国家有大功、值得子孙永世祭祀的
先王，就会特别追上庙号，以视永远
立庙祭祀之意。

另外，由于后世皇帝谥号字数膨
胀，且几乎只要是后人接位的皇帝子
孙都会给父祖上美谥，故谥号实际上
无法显示皇帝评价，庙号反而取代了
谥号盖棺论定的功用。

汉代以后承袭了庙号这一制度。
汉代对于追加庙号一事极为慎重，不
少皇帝因此都没有庙号。刘邦是开国
君主，庙号为"太祖"，但自司马迁
时就称其为高祖，后世多习用之，谥
号为"高皇帝"。谥法无"高"，以为功最高而为汉
之太祖，故特起名。

汉代强调以孝治天下，所以除刘邦外，继嗣皇帝
谥号都有"孝"字，以孝廉治国。两汉皇帝人人都有
谥号，但有庙号者极少。西汉刘邦的庙号为太祖高皇
帝、刘恒为太宗孝文皇帝、刘彻为世宗孝武皇帝、刘
询为中宗孝宣皇帝、刘奭为高宗孝元皇帝、刘骜为统
宗孝成皇帝。东汉刘秀为世祖光武皇帝、刘庄为显宗
孝明皇帝、刘炟为肃宗孝章皇帝。

另外，东汉还有几个皇帝有庙号，刘肇为穆宗孝
和皇帝、刘祜为恭宗孝安皇帝、刘保为敬宗孝顺皇

帝、刘志为威宗孝桓皇帝，不过，这些庙号在孝献帝时被取消。

到了魏晋南北朝时期，庙号开始泛滥。而到了唐代，除了某些亡国之君以及短命皇帝之外，一般都有庙号。庙号常用"祖"字或"宗"字。开国皇帝一般被称为"太祖"或"高祖"，如汉太祖、唐高祖、宋太祖；后面的皇帝一般称为"宗"，如唐太宗、宋太宗等。但是也有例外。"祖"之泛滥，始于曹魏。

到十六国时期，后赵、前燕、后秦、西秦等小国，其帝王庙号几乎无不称祖。在称呼时，庙号常常放在谥号之前，同谥号一道构成已死帝王的全号。

习惯上，唐代以前对殁世的皇帝一般简称谥号，如汉武帝、隋炀帝，而不称庙号。唐代以后，由于谥号的文字加长，则改称庙号，如唐太宗、宋太祖等。

一般来说，庙号的选字并不参照谥法，但是也有褒贬之意。太祖、高祖开国立业，世祖、太宗发扬光大，世宗、高宗等都是守成令主的美号，仁宗、宣宗、圣宗、孝宗、成宗、睿宗等皆乃明君贤主，中宗、宪宗都是中兴之主。另外，哲宗、兴宗等人都是有所作为的好皇帝。

神宗、英宗功业不足，德宗、宁宗过于懦弱，玄宗、真宗、理

■宋太祖赵匡胤立像

孝廉 汉武帝时设立的察举考试，以任用官员的一种科目，孝廉是"孝顺亲长、廉能正直"的意思。后代，"孝廉"这个称呼，也变成明代、清代对举人的雅称。

135

雅趣称号

陵寝 皇帝死后安葬的地方,其名号一般是根据去世皇帝生前的功过和世系而命名。开国皇帝之陵一般称为"长陵",其后诸帝则应依其事迹和世系来命名,诸如康陵、定陵、显节陵等。也有以所在地命名的,如霸陵、首阳陵等。为皇帝建陵后,还要设置守陵奉祀之官以及禁卫和陵户。

宗、道宗等好玄虚,文宗、武宗名褒实贬,穆宗、敬宗功过相当,光宗、熹宗昏庸腐朽,哀宗、思宗只能亡国。

我国古代帝王陵寝的名号,称为"陵号"。与谥法相近,身后由臣子议定。陵号由历代皇帝的陵墓而得名。

在二十五史中,诸代帝王本纪,都有其身后对大行皇帝的谥号、庙号,所葬陵号的记录。

一般说来,谥号并非君王独有,上了品的公卿及入品的夫人都有,但皇帝的谥号里一定有"皇帝"二字。庙号、陵号则为皇帝专有,这是皇家的祖先祭祀和葬仪。

亡国之君,在新朝已成为臣子,所以庙号、陵号皆无。即使有谥号,也只是臣子的谥号。公卿大臣也有入太庙祭祀,陪葬皇陵的,但都是陪祀、陪葬,没有独立的庙号和陵号。

■ 汉武帝茂陵

■唐乾陵司马道

著名的陵号，有汉武帝的茂陵、唐太宗的昭陵、唐高宗的乾陵、明十三陵，还有清东西陵。

在习惯称呼中，唐代以前对殁世的帝王简称谥号，不称庙号。唐代以后，由于尊号的出现，尊号、谥号加在一起很长，不便称呼，所以又改称庙号。到了明清两代，因为每个皇帝只有一个年号，所以明清两代的皇帝习惯上常称他们的年号。

称年号的皇帝，生前也可以称呼，故而康熙和乾隆皇帝在世时，称他们为康熙帝、乾隆爷，但是，康熙的清圣祖和乾隆的清高宗，是死后的庙号，生前是没有的。

阅读链接

在我国古代，女子的地位很低，一部分是只有姓氏而无封号，所以皇室里的后妃一般是冠以姓氏，有名字的女子的名讳是不可以随便乱叫的。如：某妃名字：倩舒，姓氏：薛，则不可能是"倩妃"或者"舒妃"，就只能称"薛妃"。

而所谓的"彤妃""颖妃""淑妃"那些其实不是她们的名字，而是皇帝赐予的封号比如说"柔"字"婉"字作为她们的封号，这是很大的荣誉，封号是不可以与名字相冲的。

具有悠久历史内涵的年号

那时在355年，前秦太子苻生登极大赦，改年号寿光。段纯谏奏苻生，应等到下一个年度再改年号，上疏谏道："陛下刚即大位，尚未逾年而改元，于礼不合，请待明年。"苻生大怒，污蔑他穷究议主，而将其诛杀。

文天祥画像

可见在当时，年号都已经有了严格的规定。年号是我国古代独创的产物，除了用于纪年以外，另外还表示祈福、歌颂和改朝换代。

确切地说，我国年号始于周代的共和时期，约公元前841年至公元前828年期间，由周代宗室召穆公、周定公共同执政，史学家称之为"共和执政"。

汉武帝蜡像

但其后周代的姬姓天子没有继续延用。所以，年号真正使用的开创制度，当发源于汉代皇帝汉武帝刘彻。

在汉武帝之前，我国只有年数，史家以王号纪年，鲁隐公元年等。公元前113年，汉武帝以当年为元鼎四年，正式创立年号，并形成制度，并追改以前为建元、元光、元朔、元狩，每一年号用6年。

汉武帝此项创举深刻地影响了以后2000年的我国皇帝纪元方式，并创立了以奉正朔的方式，推广给藩属于中央王朝的周边臣属国及附属国，以明确中华帝国作为宗主国与臣属国关系的高明政治手法。10世纪后，开始被古代东南亚的君主国家纷纷效仿，如日本、越南、琉球、朝鲜半岛政权。如朝鲜使用我国明代的"崇祯"年号长达265年。

此后，在我国历朝中每次新皇帝登基，常常会改元，也有当年未改元而次年改元的。一般改元从下诏的第二年算起，也有一些从本年年中算起。

文天祥在他的著作《指南录后序》中说：

■ 武则天故事绘画

武则天 （624—705），我国历史上唯一一个正统的女皇帝，683年至690年作为皇太后临朝称制，后自立为皇帝，建立武周王朝。她在位期间打击了保守的门阀世族，促进了经济的发展，稳定了边疆形势，推动了文化的发展。

是年夏五，改元景炎。

是指南宋端宗继位，改年号为"景炎"。同一皇帝在位时也可以多次改元，如女皇帝武则天在位21年，前后改元达18次。

新的国君继位时一般需要使用新年号，但前一代皇帝逝世的那一年不可改元，在第二年的时候才可以改元。

明代以前皇帝多数都改元两次以上，一个皇帝年号也有多个。到了明清两代，基本上都是一个皇帝一个年号，因此也常常用年号来称呼皇帝，如康熙帝。

但是有3个例外，一是明英宗有两个年号，分别是"正统"和"天顺"，是因为他前后两次登基。

二是清太宗皇太极，他于明代天启六年即1626年在沈阳继位后金汗位。次年改元"天聪"。后来他又在1636年的时候，改国号大清，正式称帝，所以改元"崇德"。

三是同治皇帝，刚开始的时候使用祺祥为年号，仅仅使用了半个月，慈禧、慈安两太后联合恭亲王发动了辛酉政变，改年号为"同治"，取"两宫同治"之意。

年号一直都被认为是我国古代帝王们的正统标志，代表政权的合法性，称为"奉正朔"。一个政权使用另一个政权的年号，被认为是藩属、臣服的标志之一。

这种现象主要发生在我国分裂的时期，历史上的五代十国时，闽国、楚国使用后梁、后唐年号，吴越国使用唐、后梁、后唐、后晋、后汉、后周和北宋的年号。

鉴于年号之于正统和僭伪之重要性，历史上许多地方割据势力以及起义军也常常自立年号纪年。这种情况与其说"正统"和"僭伪"，不如说已经形成了一种民俗的制度。

我国历史上年号的使用情况是非常复杂的，同一时期并存的政权，往往各自有自己的年号，比如386年那一年，在我国境内就先后出现了16个年号。还有的政权一年之中数次改元，几个年

141

雅趣称号

自号尊号

■ 同治皇帝画像

■后汉刘知远画像

号重叠使用。

也有政权自己不建年号，而沿用前朝或其他政权的年号。例如后晋天福年号用了9年，改为开运元年。3年后，后汉刘知远称帝，不自建年号，也不沿用开运年号，而是追承天福十二年。

还有许多年号在不同时期重复使用。例建元就有5个时期在使用。还有因为避讳或者其他原因，一个年号有不同写法，例如唐代殇帝的唐隆年号，又写作唐元、唐安、唐兴。

我国古代的年号名称繁杂，但多表达吉祥、太平、国泰民安及皇权神圣的意思。古人的名、字、号皆是一部历史，有着我国所独有的文化风貌，令人回味绵长，具有丰富的文化内涵。

年号，作为我国古代皇帝的专有产物，伴随着文明社会的发展早已成为历史，但年号的功绩是不可磨灭的，它是我国历史中的精神文化遗产。

阅读链接

在我国历史上的一些藩属国，通常会延用天朝年号，如朝鲜、琉球为我国的藩属时，曾用我国帝王的年号，这是一种对天朝效忠的表现。

以古代朝鲜为例，明朝灭亡之后，除与清代文书往来，内部官方文书拒用清代年号，改用我国干支或国王在位纪元，至于民间仍有坚持采用崇祯年号者，甚有直至崇祯三百余年者，与郑氏一直采用明朝永历年号，极为相似。

为尊崇帝后而增加的尊号

所谓尊号，乃为尊崇帝后而上的称号。尊号始于秦代。在《史记·秦始皇纪》中有："臣等谨与博士议曰：'古有天皇、地皇，有泰皇，泰皇最贵'。臣等昧死上尊号，王为泰皇"之语。

《汉书·高帝纪下》中也有记载说："大王功德之著，于后世不宣，昧死再上皇帝尊号。"

又因为嗣位皇帝尊前皇帝为太上皇，尊前皇后为皇太后、太皇太后，被称为上尊号。时至唐代，为皇帝上尊号之风大盛，有生前奉上者，也有死后追加者。

而生前加尊号又有两种情况：一是加于在位之时。如武后称"圣母神皇，高宗称天皇，中宗称应天神龙皇帝等便是；到玄

■ 皇帝刘询

宗时，已成为制度。

宋代范祖禹《唐鉴》有记载：

> 尊号之兴，盖本于开元之际。主骄臣谀，遂以为故事。

明代王三聘《古今事物考》记载说：

> 元宗开元以后，宰相率百官上尊号，以为常制。

生前尊号，唐玄宗一代先后曾加6次。713年加尊号"开元圣文神武皇帝"，742年加为"开元天宝圣文神武皇帝"，再加为"开元天宝圣文神武皇帝"。748年加为"开元天宝圣文神武应道皇帝"，749年再加为"开元天地大宝圣文神武应道皇帝"，753年复加为"开元天地大宝圣文神武孝德证道皇帝"。

此外，皇帝逊位之后，为太上皇，由继位皇帝为之加尊号，如唐玄宗就是典型的例子，在758年，肃宗上玄宗"太上至道圣皇天帝"之号便是。唐代皇帝多次加尊号，陆贽于《奉天论尊号加字状》评论道：

■陆贽（754—805），唐代政治家，文学家。嘉兴人，字敬舆。大历八年进士，中博学宏辞、书判拔萃科。德宗即位，召充翰林学士。贞元八年出任宰相，但两年后即因与裴延龄有矛盾，被贬充忠州别驾，永贞元年卒于任所，谥号宣。有《陆宣公翰苑集》24卷行世。

■ 唐玄宗（685—762），即李隆基，也叫唐明皇，是唐睿宗李旦的第三个儿子。唐玄宗治理国家时很注意拨乱反正，任用姚崇、宋璟等贤相，励精图治，他的开元盛世是唐朝的极盛之世。756年李亨即位后，尊其为太上皇。

臣子之心，务崇美号，虽或增盈百，犹恐称述未周。

宋代孙甫在他的著作《开元神武皇帝尊号》中也说：

古天子之称，曰皇、曰帝王，盖称其德也。秦不顾德之所称，但自务尊极，故称皇帝，然亦未有尊号也。……唐高祖、太宗，各有功德，俱无尊号。高宗徇武后之意，始称天皇，中宗从韦庶人之欲，乃号应天……是妄自尊大。……明皇以贤继位，祖宗善恶之事，闻见固熟，何故忘高祖、太宗之实德，袭高宗、中宗之虚名。盖臣下谄谀，不守经义，逢君之过而然也。

也有在死后加号的情况，如玄宗死后，肃宗于上元二年上尊号为"至道大圣大明孝皇帝。"此乃玄宗又被称为明皇之缘故。唐代皇帝死后，尊号多有数次追加。如高祖李渊于635年驾崩，先由群臣上尊号为"大武皇帝"，高宗在674年又改上尊号为"神尧皇帝"，玄宗在754年三上尊号为"神尧大圣大光孝皇帝"。

太宗于649年驾崩，百官上尊号为"文皇帝"，高宗上674年，又上尊号为"文武圣皇帝"，玄宗754年三上尊号为"文武大圣大广孝

■ 慈禧太后画像

乾隆（1711—1799），爱新觉罗·弘历的年号，弘历是清代第六位皇帝，是我国历史上执政时间最长、年寿最高的皇帝。他在发展清代"康乾盛世"方面作出了重要贡献，确为一代有为之君。庙号"清高宗"，谥号"法天隆运至诚先觉体元立极敷文奋武钦明孝慈神圣纯皇帝"，葬于清东陵的裕陵。

146
万姓之根
姓氏与名字号及称谓

皇帝"。

唐代以后，帝后尊号字数有增无减。宣宗时，其尊号已是18个字，即"元圣至明成武献文睿智章仁神聪懿道大孝"皇帝，宋神宗尊号为20个字，即"体元显道法古立宪帝德王功英文烈武钦仁圣孝"皇帝。

明太祖被尊为"开天行道肇纪立极大圣至神仁文义武俊德成功高"皇帝，达21字。清乾隆皇帝被尊为"法天隆运至诚先觉体元立极敷文奋武钦明孝慈神圣纯"皇帝，竟多达23字。

实际上不难看出，后边一长串亦可以视为谥号。皇后、太后亦可得尊号。如清代末期慈禧太后，生前得尊号为"慈禧端佑康颐昭豫庄诚寿恭钦献崇熙"圣母皇太后，死后又谥"孝钦显皇后"。因此，谥号与尊号虽各有涵义，但又多纠缠一处，难以区别。

唐宋以后，历经元明而至清代，帝后尊号愈加愈长。这与中央集权专制制度及皇权日益膨胀联袂而行，息息相关。明、清时代，集权专制登峰造极，皇帝尊号也叠加成长长一串，大有将世间美好字眼尽收囊中之态势。

尊号字数可以逐年递增，每逢国有喜庆大典，更要增加尊号字数，以至越增越长。如唐高宗累上尊号，最后达24字之多。

晚清时期慈禧太后于1862年垂帘听政，上尊号为慈禧。1872年载淳大婚，加上端佑两字。第二年载淳亲政，加上康颐两字。1876年新君载湉即位，加上昭豫庄诚4字。1889年载湉大婚，加上寿恭两字。同年载湉亲政，加上钦献两字。1894年慈禧60寿辰，加上崇熙两字，前后共加为16字。

慈禧太后雕塑

尊号为生前所加，谥号为死后所上，也有将生前尊号即作为死后谥号者。

阅读链接

我国古代的尊号很长，因为大臣们会尽量把好的词语都往皇帝身上加，尊号一般是皇帝在世之时便开始有群臣上请，并不断加长。

如唐玄宗的尊号是"开元天地天宝圣文神武孝德应道皇帝"，宋太祖为"启运立极英武睿文神德圣功至明大孝皇帝"，太后相应的也有类似的号，名为徽号，如慈禧的徽号就是"慈禧端佑康颐昭豫庄诚寿恭钦献崇熙圣母皇太后"。

由于尊号太长，所以平民百姓很少称呼皇帝的尊号。至辽元时期开始，皇帝的尊号也有从简的趋势。清代康熙曾言："加上尊号乃相沿陋习，不过将字面上下转换，以欺不学之君耳！"

寥寥几字盖棺定论的谥号

周文王画像

谥号是人死之后，后人给予评价之文字。谥号制度形成，传统说法是西周早期，即《逸周书·谥法解》中提到的周公制谥。早期谥号为自称，比如"周文王""周武王"。

周王室和春秋战国各国广泛施行谥法制度，直至秦始皇认为谥号有"子议父、臣议君"的嫌疑，因此把它废除了。直到西汉建立之后又恢复了谥号。

在古代，皇帝的称呼往往和年号、谥号和庙号联系在一起，唐高祖就是庙号，隋炀帝就是谥号，乾隆皇帝就是年号。一般最早的皇帝谥号用得多，后来庙号多，明清时期则往往年号更深入人心。

夏商时期的帝王称呼多数用干支，例如太甲、孔甲、盘庚、帝辛，前面一个字据考证是一种祭祀方法，后面的一个字则表示在哪一天进行祭祀。

如盘庚是指在庚日用盘这种祭祀方法祭祀祖先，祭祀也是对先祖执政历史的一种总结。盘是指敲打磬的祭祀方式。谥号是周朝开始有的，但周文王、周武王不是谥号，是自称，昭王穆王开始才是谥号。

■ 隋炀帝画像

所谓谥号，就是用一两个字对一个人的一生做一个概括的评价，算是盖棺定论。像文、武、明、睿、康、景、庄、宣、懿都是好字眼，惠帝都是些平庸的。

如汉惠帝、晋惠帝都是没什么能力的，质帝、冲帝、少帝、废帝往往是幼年即位而且早死的，厉、灵、炀都含有否定的意思，哀、思也不是好词，但还有点同情的意味，如末帝，另外孙权是个特例，他的谥号是大帝，在我国是绝无仅有的。

除了天子，诸侯、大臣也有谥号。秦始皇认为谥号是子议父、臣议君，于是废了谥号，从他这个始皇帝开始，想传二世、三世以至无穷，可惜只传了二世。

汉代开始又实行谥号了。汉代倡导以孝治天下，

《逸周书》 原名《周书》，在性质上与《尚书》类似，是我国古代历史文献汇编。旧说《逸周书》是孔子删定《尚书》后所剩，是为"周书"的逸篇，故得名。

■ 谥号为大帝的孙权画像

庙号 古代皇帝在庙中被供奉时所称呼的名号，始于西汉，止于清代。在隋代以前，并不是每一个皇帝都有庙号，因为按照典制，只有文治武功和德行卓著，还有对国家有大功、值得子孙永世祭祀的先王，就会特别追上庙号，以视永远立庙祭祀之意。唐代以后，每个皇帝才都有了庙号。

所有皇帝的谥号都有个孝字，如孝惠、孝文、孝景一直到孝献。

按照周礼，天子七庙，也就是天子也只敬七代祖先，但有庙号就一代一代都保留着，没有庙号的，到了一定时间就"亲尽宜毁"，不再保留他的庙，而是把他的神主附在别的庙里。

谥法初起时，只有"美谥""平谥"，没有"恶谥"。善、恶"谥号"则源自西周共和行政以后，即周厉王因为暴政"防民之口甚于防川"等被谥为"厉"，另外还有"私谥"。

谥号的选定根据谥法，谥法规定了一些具有固定涵义的字，供确定谥号时选择。这些字大致分为下列几类：

上谥，即表扬类的谥号，如："文"，表示具有"经纬天地"的才能或"道德博厚""勤学好问"的品德；"康"表示"安乐抚民"；"平"表示"布纲治纪"。

下谥即批评类的谥号，如："炀"表示"好内远礼"，"厉"表示"暴慢无亲""杀戮无辜"，"荒"表示"好乐怠政""外内从乱""幽"表示"壅遏不通""灵"表示"乱而不损"等。

"下谥"之"恶谥"：周厉王是一个贪婪的君主，"国人"发动暴动，他逃到彘并死在那里，"厉"便是对他予以斥责的"恶谥"。

中谥多为同情类的谥号，如："愍"表示"在国遭忧"，"在国逢难"；"怀"表示"慈仁短折"。

私谥，这是有名望的学者、士大夫死后由其亲戚、门生、故吏为之议定的谥号；"私谥"始于周末，到汉代才盛行起来。

本来不是所有皇帝都有庙号，但是都有谥号，所以唐代以前的皇帝大多称谥号。从唐代开始就谁都有庙号了，所以人们习惯称庙号。明清两代的皇帝一般一个年号用一辈子，所以人们习惯称他的年号。

也有不做皇帝的，死后被尊为皇帝，如曹操、司马懿父子，还有多尔衮，他手握大权，死后被福临尊为成宗义皇帝。

谥法制度有两个要点，一是谥号要符合死者的为人，二是谥号在死后由别人评定并授予。君主的谥号由礼官确定，由即位皇帝宣布，大臣的谥号是朝廷赐予的。谥号带有评判性，相当于盖棺定论。

帝王与群臣的谥号之间有严格区别，帝王的谥号，在隋朝以前均为一字或二字，如西汉的皇帝刘盈谥惠帝、刘恒谥文帝、刘启谥景帝，东汉的皇帝刘秀谥光武帝等即是。

但是从唐代开始，皇帝的谥号字数逐渐增加，754年，玄宗李隆基决定将先帝的谥号都改为7个字，如李渊为"神

雅趣称号

自号尊号

司马懿（179—251），河内郡温县孝敬里人。三国时期魏国杰出的政治家、军事家，西晋王朝的奠基人，73岁去世，葬于首阳山。谥号"宣文"；次子司马昭封晋王后，追封司马懿为宣王；司马炎称帝后，追尊司马懿为宣皇帝。

■ 多尔衮雕塑

清太祖努尔哈赤画像

尧大圣大光孝皇帝"，李世民为"文武大圣大广孝皇帝"。

唐代后各代皇帝的谥号，一般都偏长，其中称冠的清太祖努尔哈赤，谥号竟长达25个字"承天广运圣德神功肇纪立极仁孝睿武端毅钦安弘文定业高皇帝"，将美言懿语如此堆积。

命谥用字，有特定的规范，不可随意用字，也不可对立谥之字任意解释。从最早的经典文献"逸周书，谥法解"开始历朝历代的谥法在百种以上，载录谥字约四百个，每个字都有特殊限定的意义。

阅读链接

624年，利州都督武士镬喜获千金，相袁天纲曾观其相，谓其："口角龙颜，龙瞳凤颈，伏义之相，贵人之极也。" 14岁入官，由于聪慧机灵，唐太宗封之为五品才人。

后来，武氏女夭折于王皇后处，李治大怒，废王立武，上元元年，李治体弱多病，武后开始垂帘听政，并大赦天下，条陈十12条，天下人士皆称贤明。

683年，李治病逝，唐中宗李显即位，后因李显欲拔擢岳父韦玄贞为宰相，武氏认为不宜，废中宗，立豫王旦为皇帝，是为睿宗。

后来，武后自立为帝，改国号为周，却因变得阴戾猜忌，赐死一干忠良贤臣，唯一敢冒死谏言之狄仁杰，亦因病而逝，705年武还政于中宗，同年十一月，武后去世，死后谥号"则天大圣皇后"，后世所称"则天武后"或"武则天"即是由此谥号而来。